绩效评价与管理

Performance Appraisal and Management

吕小柏 吴友军 编著

图书在版编目(CIP)数据

绩效评价与管理/吕小柏,吴友军编著.—北京:北京大学出版社,2013.4
(21世纪经济与管理规划教材·人力资源管理系列)
ISBN 978-7-301-21415-2

Ⅰ.①绩… Ⅱ.①吕… ②吴… Ⅲ.①企业绩效-企业管理-高等学校-教材 Ⅳ.①F272.5

中国版本图书馆 CIP 数据核字(2013)第 047914 号

书　　　名:	绩效评价与管理
著作责任者:	吕小柏　吴友军　编著
责 任 编 辑:	张　燕　仙　妍
标 准 书 号:	ISBN 978-7-301-21415-2/F·3581
出 版 发 行:	北京大学出版社
地　　　址:	北京市海淀区成府路 205 号　100871
网　　　址:	http://www.pup.cn
电 子 信 箱:	em@pup.cn　　QQ:552063295
新 浪 微 博:	@北京大学出版社　@北京大学出版社经管图书
电　　　话:	邮购部 62752015　发行部 62750672　编辑部 62752926　出版部 62754962
印　刷　者:	北京富生印刷厂
经　销　者:	新华书店
	787 毫米×1092 毫米　16 开本　10 印张　188 千字
	2013 年 4 月第 1 版　2014 年 8 月第 2 次印刷
印　　　数:	3001—6000 册
定　　　价:	26.00 元

未经许可,不得以任何方式复制或抄袭本书之部分或全部内容。
版权所有,侵权必究
举报电话:010-62752024　电子信箱:fd@pup.pku.edu.cn

丛书出版前言

作为一家综合性的大学出版社,北京大学出版社始终坚持为教学科研服务,为人才培养服务。呈现在您面前的这套"21世纪经济与管理规划教材"是由我国经济与管理领域颇具影响力和潜力的专家学者编写而成,力求结合中国实际,反映当前学科发展的前沿水平。

"21世纪经济与管理规划教材"面向各高等院校经济与管理专业的本科生,不仅涵盖了经济与管理类传统课程的教材,还包括根据学科发展不断开发的新兴课程教材;在注重系统性和综合性的同时,注重与研究生教育接轨、与国际接轨,培养学生的综合素质,帮助学生打下扎实的专业基础和掌握最新的学科前沿知识,以满足高等院校培养精英人才的需要。

针对目前国内本科层次教材质量参差不齐、国外教材适用性不强的问题,本系列教材在保持相对一致的风格和体例的基础上,力求吸收国内外同类教材的优点,增加支持先进教学手段和多元化教学方法的内容,如增加课堂讨论素材以适应启发式教学,增加本土化案例及相关知识链接,在增强教材可读性的同时给学生进一步学习提供指引。

为帮助教师取得更好的教学效果,本系列教材以精品课程建设标准严格要求各教材的编写,努力配备丰富、多元的教辅材料,如电子课件、习题答案、案例分析要点等。

为了使本系列教材具有持续的生命力,我们将积极与作者沟通,争取三年左右对教材不断进行修订。无论您是教师还是学生,您在使用本系列教材的过程中,如果发现任何问题或者有任何意见或者建议,欢迎及时与我们联系(发送邮件至 em@pup.cn)。我们会将您的宝贵意见或者建议及时反馈给作者,以便修订再版时进一步完善教材内容,更好地满足教师教学和学生学习的需要。

最后,感谢所有参与编写和为我们出谋划策提供帮助的专家学者,以及广大使用本系列教材的师生,希望本系列教材能够为我国高等院校经管专业教育贡献绵薄之力。

北京大学出版社
经济与管理图书事业部
2012年1月

21世纪经济与管理规划教材

人力资源管理系列

前 言

  书终于脱稿了,紧张了三个月的身心空落了,一下子还有点不习惯。

  本书是2012年我们的标志性绩效结果。回味着对绩效的种种思考,觉得绩效不单单是工作结果,其间交织对抗着的肯定与否定是对理论与实践的梳理,也是对人身心的历练,写作的魅力尽在此过程中。由此越发觉得绩效管理实在不容易,也明白了人们乐于衡量绩效结果的深刻原因,因为工作过程的"一过性"特征着实让许多管理者感到为难。

  我以为,工作过程不易跟踪不应成为不评价工作行为的理由。如今,第三产业在GDP中所占比重不断提高,将来还会继续提高,这是经济社会发展的必然。第三产业中大量蕴含于工作过程的工作行为已经构成了绩效的大部分甚至全部,在这种情形和趋势下,还能无视对工作行为的评价吗?好像不行。那么,对于工作中脑力付出居多、不便也不能标准化的劳动,如何进行绩效评价,是一个需要管理者与学者长期共同探索的课题。

  作为一名中国学者,翻看各种贯以洋名的绩效理论确实汗颜。到改变的时候了。实践者须改变固有的管理习惯,审时度势,随着工作内容的变化而调整管理理念与工具;研究者须改变长期的研究习惯,变理论的传播与继承者为深入实践的理论探求者。理论来源于实践,理论高于实践,理论最终还是要服务于实践。从实践中创新理论是管理者更是学者的使命。本书循着上述思路展开,虽未能创新理论,但追求理论与实践的融通,期望能通过日后积累对绩效管理理论有所贡献,是否做到有待读者评判。

  本书由我和吴友军老师共同完成,吴友军老师承担了第一章和第六章的写作任务,我负责了第二、三、四、五章的写作与全书的统稿,值得一提的是,本书第四章"国旗班"案例选自 2011 年我讲授《绩效管理》课程时布置给学生的作业,由段宇、田瑜、吴桓、潘金涛四位同学组成的课程小组共同完成,对此特表感谢,同时深感欣慰。

尽管进行了长达一年的准备和三个月的集中编写,付出了很大的努力,但我们自知,我们的理论与实践水平还不足以让工作成果尽善尽美,只好在此恳请广大读者斧正。

吕小柏
2012 年 11 月于武汉

目　录

第一章　概论 ··· 1
　　第一节　理解绩效 ··· 3
　　第二节　绩效评价与绩效管理 ································· 8
　　第三节　绩效管理与人力资源管理其他工作的关系 ······ 12
　　第四节　绩效管理的发展趋势 ································· 14

第二章　绩效评价指标及指标体系 ··························· 17
　　第一节　绩效评价指标 ··· 19
　　第二节　绩效指标体系 ··· 24

第三章　绩效评价方法 ·· 39
　　第一节　绩效评价方法概要 ··································· 41
　　第二节　统计法 ·· 44
　　第三节　比较法 ·· 44
　　第四节　标杆管理法 ·· 52
　　第五节　量表法 ·· 61
　　第六节　描述法 ·· 87
　　第七节　小组评价法 ·· 90
　　第八节　绩效评价的主体 ······································ 90

第四章　绩效评价案例 ·· 95
　　案例一：编制基于平衡计分卡的目标管理责任书 ········ 97
　　案例二：借用综合量表法评价大学国旗班队员（学生）
　　　　　　的表现 ··· 103
　　案例三：G 公司采用等级择一法与强制比例分布法评价
　　　　　　员工绩效 ·· 106

案例四:H公司中层及以下员工绩效考核办法 …………………………… 110

第五章　绩效管理 …………………………………………………………… 121
　　第一节　绩效管理模型 …………………………………………………… 123
　　第二节　绩效周期 ………………………………………………………… 128
　　第三节　绩效管理误区与难题 …………………………………………… 130
　　第四节　长期绩效 ………………………………………………………… 133

第六章　绩效薪酬 …………………………………………………………… 139
　　第一节　绩效薪酬及其选择 ……………………………………………… 141
　　第二节　绩效薪酬的形式 ………………………………………………… 145

参考文献 ……………………………………………………………………… 149

21世纪经济与管理规划教材
人力资源管理系列

第一章

概　　论

【学习目标】

　　知晓有关绩效的概念、绩效特性等,了解绩效管理的演变历程,构建绩效与绩效管理理论体系的知识框架,为后续学习奠定基础。

第一节 理 解 绩 效

美国管理大师彼得·德鲁克(Peter Drucker)曾指出:所有的组织都必须思考"绩效"为何物?这一概念在以前简单明了,现在却不复如是。策略的拟订越来越需要对绩效进行重新定义。在学习绩效管理之前,必须搞清楚绩效管理中的"绩效"指的是什么。

一、绩效的概念

绩效的概念来自于美国,英语中用"Performance"表示。一般而言,"Performance"有表现、展示等意思,是英语中的常用词。

"Performance"在人力资源管理领域有着特定的含义,是指经过确认了的工作结果或工作行为,也就是"绩效"。绩效概念包含了两方面的内容,即工作结果和工作行为,绩效既可由工作结果或工作行为单方面体现,也可以是两者的综合体现。对于绩效概念的内涵,不同的学者有不同的看法。

以结果为导向的绩效概念,倾向于把工作看成是各种待完成任务的集合,用以满足所预定的目标,是员工工作成绩的记录。结果导向型的绩效通常以产出、效率、目标、指标等表示,在以产品生产为主的企业中使用十分普遍。

以行为为导向的绩效概念认为,绩效是员工或组织的所作所为,是工作过程中的员工行为以及由此表现出的组织整体行为的集中展示,在以提供服务为主的企业中使用较多。

二、绩效的英汉解释对照

绩效"Performance"一词在英语中有多种含义,表 1-1 列出了它的几种主要含义。

表 1-1 "Performance"的几种主要含义

英语释义	汉语释义
1. the action or an act of performing a play, a piece of music, tricks	演奏;演出;表演
2. the action or manner of carrying out an activity, piece of work, etc.	执行;履行;表现
3. Something accomplished; deed, feat	已完成的事;成绩、成就
4. the ability to perform; efficiency	完成的能力;效率
5. the execution of an action	行动的完成过程

在以上几种释义中，Performance 在人力资源管理中采用上表中的第二种含义"the action or manner of carrying out an activity, piece of work, etc.", 也即"执行，履行；表现"。

三、国内外学者的绩效观

绩效是一个复杂的概念，因观察和测量的角度不同，定义也不同。国内外学者主要对绩效有下面的定义。

1. 结果论

Bernardin(1995)等认为："绩效应该定义为工作的结果，因为这些工作结果与组织的战略目标、顾客满意度及所投资金的关系最为密切。"

Kane(1996)指出绩效是"一个人留下的东西，这种东西与目的配对独立存在"。

以结果评价绩效的方法不仅在企业管理中，而且在日常经济政治生活中，都很常见。如我国改革开放之初，最流行的一句话就是"不管黑猫还是白猫，抓到老鼠的就是好猫"，这种机制极大地调动了各方的积极性，冲破了当时蹑手蹑脚、僵化不前的传统思维。再如高考，有的学生平时认真复习，挑灯夜读，有的考生可能只是复习一些重点，花的时间并不多，但高校录取时看的只是高考的结果——成绩，而不论学生是怎样得到这个成绩的。总之，以工作结果评价绩效有很强的说服力。

2. 行为论

Campbell(1990)提出，"绩效是行为，应该与结果区分开，因为结果会受系统因素的影响"。

Murphy(1990)给绩效下的定义是"绩效是与一个人在其中工作的组织或单元的目标有关的一组行为"。

Borman 和 Motowidlo(1996)认为绩效是具有可评价要素的行为，这些行为对个人或组织效率具有积极或消极的作用。

由工作行为评价绩效是近几十年的事情。管理实践中常常遇到很难将员工的工作归结为能产生具有明确结果的情况，尤其是对岗位职能以及工作任务属于群体的一部分的员工来说，就更难明确其工作的具体结果。因此，由工作行为评价绩效不失为一个度量绩效的方向。

3. 综合论

英国学者理查德·威廉姆斯(Richard Williams)认为："员工绩效的广义定义包括工作产出和行为。"

方振邦(2005)认为："绩效是指经过评价的工作行为、表现及其结果。对组织而言,绩效就是任务在数量、质量及效率等方面完成的情况;对员工个人来说,则是上级和同事对自己工作状况的评价。"

张德(2001)认为,绩效是人们所做的同组织目标相关的、可观测的、具有可评价要素的行为。

由工作结果与工作行为共同评价绩效是一种全面的绩效评价思路,只是由此会增加绩效评价成本。

4. 胜任力说

胜任力指的是优秀员工所拥有的特征和品质。在组织越来越看重可持续发展的今天,对员工胜任力的考察日益受到重视。

管理学家斯蒂芬·罗宾斯(Stephen Robbins)认为,胜任力特质作为评价员工绩效水平的标准已经越来越受到组织的重视。

Cripe(1997)认为,绩效即胜任力这个观点强调人的竞争力或胜任力是绩效的关键驱动因素。

葛玉辉认为,绩效是指员工以一定的胜任力特质,以组织目标为导向,通过既定或可变的行为,达到既定的结果。如图1-1所示。

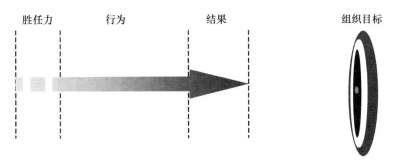

图1-1 员工胜任力

资料来源:葛玉辉、陈悦明.绩效管理实务[M].北京:清华大学出版社,2008.

尽管胜任力对绩效的影响有多大还存在争论,但它反映了当今学者对绩效的深入思考与研究。

四、绩效的特性

绩效主要具有多因性、多维性和动态性三大特性。

1. 绩效的多因性

多因性是指绩效的优劣不是由单一因素决定的,而是受到主观和客观等多种因素的影响。它既受环境因素的影响,又受工作特征的影响,也与组织的制度和机制有关,同时更受员工工作动机和价值观的影响。

2. 绩效的多维性

多维性是指对一个员工的工作进行绩效评价不能只看一个方面,也不能只听取上级对员工的评价,因为上级只了解员工工作效率和工作能力方面的情况,而对于其内部协调能力、和客户进行沟通的能力等方面都不是很清楚。因此,应该从多个方面、多个角度去分析员工的工作,才能杜绝片面和偏见,取得比较合理的、客观的、容易接受的结果。

3. 绩效的动态性

员工的绩效并非是一成不变的,它会随着时间、职位的变化而呈现出阶段性变化。不能凭已有的印象或经验,以僵化和静止的观点看待员工绩效。因此,在绩效评价中,要将定期评价与动态评价相结合。一方面要坚持日常评价与年终评价相结合,建立员工工作绩效档案,及时掌握员工绩效的动态信息;另一方面,既要注重结果、也要注重过程,从不同角度、不同渠道考察员工创造绩效的实际工作过程。

五、影响绩效的主要因素

现代科学技术与心理学研究表明,员工绩效主要受四个因素的影响:技能、激励、机会、环境,用函数 $P = F(S, M, O, E)$ 表示,其中 S——技能,M——激励,O——机会,E——环境。上述函数的具体含义可由图 1-2 表示。

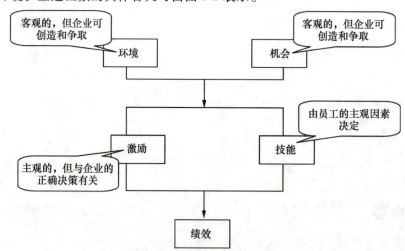

图 1-2 影响员工绩效的四个主要因素

资料来源:郭京生、袁家海、刘博.绩效管理制度设计与运作[M].北京:中国劳动社会保障出版社,2007.

1. 技能因素（Skill）

技能因素是指员工的工作技巧与能力，是绩效产生的基础，是影响绩效的基础性因素。

2. 激励因素（Motivation）

这里的激励包括两大类：一类是物质激励，一类是精神激励。物质激励主要是指组织的薪酬和福利，精神激励主要指获得荣誉、带薪休假等奖励。如果组织的薪酬低于行业的平均水平，会在很大程度上降低员工工作的积极性，从而影响员工的绩效。如果员工不能感受到组织的认可，也会出现绩效下降的情况。此外，无论是物质激励还是精神激励，都应体现及时的原则，如果激励不及时，就起不到应有的效果。

3. 环境因素（Environment）

这里的环境不仅指工作的物理环境，同时也包括人文社会环境。工作环境对员工绩效的影响是巨大的。当员工工作场所离家很远，每天要乘坐几小时公交车上下班时，当员工工作场所噪声大、空气污浊、冷热难耐时，员工是无法安心工作的，工作绩效自然高不起来。

当员工处于一个充满活力、勇于开拓进取、彼此之间相互合作与促进的工作群体中时，个人的绩效由于受带引作用而提高；相反，当员工处于相互妒忌、安于现状的工作群体中时，个人的绩效同样受带引作用而变得低下。

4. 机会因素（Opportunity）

机会因素是通过促使员工潜能的释放来提高员工绩效的。通常情况下，员工看重升迁与培训机会。组织的岗位关系清晰，升迁路线明了，升迁机会公平，对具有管理职能的岗位上的员工和对岗位升迁有较强偏好的员工能产生长期的绩效驱动力。员工对自我能力提高有无明确预期，能否获得组织提供的培训以及这种培训机会有多少，会影响他们的绩效，这对技术含量高的岗位上的员工和对技术有着钻研热情的员工能产生长期的绩效驱动力。

六、四个重要的绩效概念

1. 任务绩效（Task performance）

任务绩效是指组织所规定的行为，与特定的任务有关，对提高组织效率有直接的影响。其包括两类行为：一是直接将原材料转化到组织生产中的一种劳务；二是对原材料监督、人事等功能的补充以及保证组织有效运行等一系列活动。任务绩效的高低与工作的熟练程度有关。

2. 关系绩效（Contextual performance）

关系绩效也称周边绩效、情景绩效，是指员工自发的行为，与特定的任务无关。关系绩效对组织效率同样非常重要，可以为特定任务提供广泛的、组织的、社会的和心理的环境。其包括五个方面：① 主动承担工作以外的任务活动；② 为了成功地完成任务，必要时会付出额外的热情与努力；③ 帮助他人并同他人合作；④ 无论在何种情况下也照常遵循组织的规则程序；⑤ 赞同、支持并捍卫组织的目标。关系绩效的高低与非特定的工作熟练程度有关。

由于历史、文化等原因，在西方一些发达国家对员工绩效的评价较重视其任务绩效，而我国企业却较看重员工的关系绩效。事实上，忽视任务绩效和关系绩效中的任何一方都是不科学的。只重视任务绩效会导致员工的短期行为，而只看重关系绩效会淡化员工的工作意识，甚至导致只开花不结果的后果。

3. 组织绩效（Organization performance）

组织绩效是面向整个组织的任务和目标，强调通过对组织结构、生产工艺、业务流程等方面的调整实现组织的战略目标。组织绩效与组织使命紧密相关，要完成组织使命需向外部客户提供产品或服务，这些可用数量、质量、时效和成本等类似词汇进行描述。

4. 个人绩效（Individual performance）

个人绩效是强调以员工个人为核心的绩效概念。一般包括员工绩效评价、培训和发展、激励等方面的内容。员工绩效着眼于如何促使员工努力工作以达到其工作岗位的要求，同时承认对个人绩效进行管理须在组织目标的框架内进行。

第二节　绩效评价与绩效管理

一、绩效评价

绩效评价（Performance appraisal）又称为绩效评估或绩效考核，是指对工作结果和工作行为的确认过程，只有通过这个过程，管理者与被管理者方能知晓绩效状态，达到不断改进绩效的目的。

作为一种明确正式的管理程序，绩效评价始于第一次世界大战。1918年，美国通用汽车公司率先对员工的工作表现进行了标准化评价的尝试，随后，绩效评价成为人力资源管理活动中不可缺少的一个重要环节。但那时的绩效评价过程往往与物质结果（如薪酬）紧密地联系在一起。直到20世纪50年代，美国的研究者与实践者逐渐认识到绩效评价还可以作为激励员工和发展员工的有用工具,这也正是我们今天熟知的绩效评价的意义。

在组织的管理中,绩效评价是认可每一个员工的工作结果及其行为对组织贡献大小的一种手段,由于组织是由其广大员工运行的,因此对每一个员工的绩效进行合理评价,是当前人力资源管理越来越重视的工作,成为人力资源管理最核心的职能——绩效管理的核心部分。

绩效评价的目的:

1. 确定员工劳动报酬,以激励员工工作

没有绩效评价,员工的劳动报酬缺乏依据,没有依据的劳动报酬,不能真正体现公平分配的原则。通过绩效评价来确定员工的工作绩效,能有区别地奖罚员工,对员工起到激励作用。

2. 为员工提供有关绩效的反馈信息,帮助员工清楚地认识自己

任何高绩效的达成都不是一蹴而就的事,而是通过不断地改进工作绩效得以实现的。改进工作的前提是知晓工作的优劣,自然,绩效信息的反馈就成为必须。

3. 明确员工培训的方向

员工培训是人力资源开发的基本手段,培训应有针对性,应针对员工的短处进行。因此,培训前必须准确地了解员工的素质和能力,了解其工作存在的问题,以便提高培训资源的利用效益,使组织与个人均获得满意的结果。

4. 为人员配置提供依据

1990 年,亨特(J. E. Hunter)等人在发表于《应用心理学》杂志上的一篇文章中指出:随着工作内容复杂性的提高,员工个人之间的绩效差异也将会随之增大。表 1-2 反映了几类工作中高绩效水平员工与平均绩效水平员工的绩效差异性。

表 1-2 七类工作中高绩效水平员工与平均绩效水平员工的绩效差异

工作类别	高绩效与平均绩效的差异(%)
蓝领工人	15
办事员	17
工匠	25
事务性管理人员	28
专业技术人员	46
非保险类销售人员	42
保险销售人员	97

资料来源:张一驰.人力资源管理教程[M].北京:北京大学出版社,1999.

有句经典名言:人力资源管理就是要把合适的人放到合适的岗位。什么是"合适

的人",需要利用绩效评价的手段加以甄别。绩效评价是组织建立人员配置理性原则的基石。

二、绩效管理

1. 绩效管理的发展历史

绩效管理(Performance management)的历史实质是绩效评价发展过程。绩效评价的源头可以追溯到泰勒的科学管理时代。泰勒通过对时间和动作的研究,确定了单位时间内的标准产量并以此作为评价和激励的基础。其后是官僚控制下的绩效评价时期。在这种组织中,看上去一切活动都被组织结构以及组织规则所确定,管理者并没有实施控制权力,但实际上,组织结构和组织规则的确定权掌握在管理者手中,控制权威仍属于管理者,只不过控制的基础从直接命令变为理性规则。

1992年,斯潘博格(Spangenberg)指出,传统的绩效评价是一个相对独立的系统,对于提高员工的满意度和绩效的作用非常有限,对完成组织目标的作用也不大。尼科尔斯(Nickols)在1997年发表了一篇题为《不要设计你们公司的绩效评价体系,去掉它!》的文章中指出必须重新考虑企业的绩效评价问题。

2000年,帕蒙特(Pamenter)也指出,传统的绩效评价中存在严重的不足。由于评价的主观性干扰,评价没有得到很好的执行。许多管理者对员工的评价在表面上和私下里是不一致的,表面上的评价分数可能很高,但私下里却想解雇他们。只注重评价的过程和形式,不注重评价的价值,这样的绩效评价对组织和员工的作用都不大。

从以上的发展演变过程中可以看出,单纯的绩效评价越来越无法满足提高组织与个人绩效的目的。随着信息时代的到来,复杂的竞争环境和客户的个性化需求要求组织成员做出快速有效的反应。组织不能也不可能事前规定好一切工作行为,让成员只是简单地执行。另外,组织内部员工自身的成长需要也对绩效评价提出新的要求。当绩效评价思想发生转变,开始注重员工在绩效评价过程中的参与作用,并通过目标内置化以及管理者的指导帮助强化控制时,绩效评价演变成绩效管理。

2. 绩效管理的概念

绩效管理是指基于组织的战略目标,通过员工与管理者达成关于目标、标准和所需能力的协议,在双方相互理解的基础上使组织、群体和个人取得较好工作绩效的循环往复的管理过程。

绩效管理作为一个动态的闭环系统,并非简单的任务管理,而是由绩效计划、绩效实施、绩效评价、绩效反馈等环节组成,尤其强调沟通辅导和绩效改进的管理过程。

加里·德斯勒(Gary Dessler)2000年提出：绩效管理实质上是管理者通过有效的沟通和激励与员工一起完成既定目标的过程，须考虑战略性、系统性、多样性、全员性、过程性和开发性。成功绩效管理要体现一个核心、两个前提、三个关键，如图1-3所示。

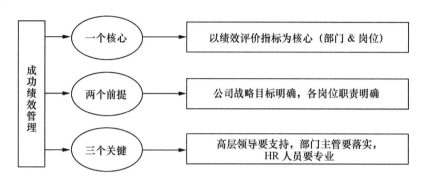

图1-3 成功绩效管理的核心、前提与关键

资料来源：郝蒙浩、王慧彦、黄伟.绩效评价方法在国内外的发展[J].经济师.2007(4).

三、绩效管理模型

绩效管理的核心思想在于不断地提升组织和员工的绩效，基于这一思想形成的绩效管理模型(Performance management model)包括绩效计划、绩效实施与辅导、绩效评价以及绩效反馈与改进四部分，并形成一个闭合循环。如图1-4所示。

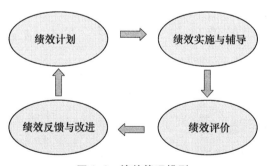

图1-4 绩效管理模型

图1-4的绩效管理模型揭示，绩效管理首先是管理者与员工一起制订绩效计划，把组织的整体战略、绩效要求与部门和员工的工作目标相联系，以绩效计划的形式获得员工对工作目标的承诺。其次是管理者对员工进行绩效辅导和员工实施绩效计划，绩效辅导与实施是一组交替行为，其中还包含了管理者对员工绩效状况的监督，它基本贯穿于整个绩效周期。接下来是管理者对员工的绩效进行评价，其依据是绩

效计划中的约定。最后是管理者向员工反馈绩效评价的结果并与员工一起讨论绩效改进事宜。关于绩效管理的内容,本书将在第五章详细讲解。

四、绩效评价与绩效管理的区别

尽管绩效评价与绩效管理存在历史的联系,但它们在思想基础和内涵方面的区别需要管理者与被管理者共同明辨。为什么要明辨两者的区别?一是因为在现实的管理中,许多管理者并不清楚两者的区别,他们误将绩效评价当成了绩效管理;二是因为管理者沿用了早年的绩效评价理念,换句话说,管理者愿意使用绩效评价工具。所以,这里比较的"绩效评价"不是绩效管理中的"绩效评价"环节,而是仅作为一种管理工具或手段的绩效评价,也就是早期管理中的"绩效评价"。表1-3是从几个角度比较得出的它们之间的区别。

表1-3　绩效管理和绩效评价的区别

绩效管理	绩效评价(绩效考核)
一个完整的动态管理过程	管理的手段、工具
把被管理者当作"社会人"	把被管理者当作"经济人"
注重绩效的反馈与持续改进	侧重于特定的阶段性判断
关注产生绩效的整个过程	仅对已形成的绩效进行评价
具动态特征	具静态特点

第三节　绩效管理与人力资源管理其他工作的关系

作为人力资源管理工作的核心,绩效管理与人力资源管理其他工作之间存在密切的关系。如图1-5所示。

一、与工作分析的关系

绩效管理以工作分析为依据。工作分析的一个基本作用是明确各个岗位的构成要素,以形成《岗位说明书》,绩效管理中诸如绩效指标、绩效标准等都以《岗位说明书》为基础。"一岗(一个岗位)一书(一份岗位说明书)一表(一张绩效标准表)制"是对两者关系的最好说明。

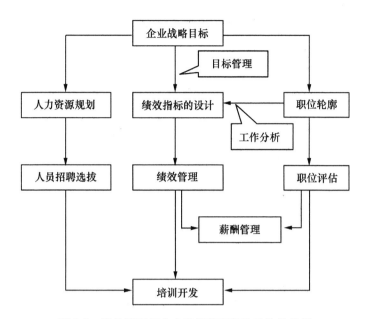

图 1-5 绩效管理与人力资源管理其他工作的关系

资料来源:葛玉辉、陈悦明.绩效管理实务[M].北京:清华大学出版社,2008.

二、与人力资源规划的关系

绩效管理是人力资源规划的前提。从世界 500 强企业的经验来看,绩效管理对人力资源规划的影响主要体现在对人力资源的供给与需求的预测方面,通过绩效管理能够客观准确地掌握员工目前的知识和技能水平,以便分析人力资源存量与供给状况,同时,为人力资源的预期需求提供基础信息,辅助完成人力资源规划。

三、与员工招聘工作的关系

绩效管理与员工招聘工作成因果关系。绩效管理的结果会促使组织做出是否进行招聘活动的决定,组织通过分析绩效结果可以发现诸多问题,当发现现有员工工作技能不足时,对外招聘符合技能要求的新员工是快速解决问题的办法。

四、与培训工作的关系

绩效管理与培训工作也成因果关系。对员工进行培训开发不应是盲目的,需建立在员工所表现出来的绩效水平的基础上。通过绩效管理能够发现员工工作中的不足,有的放矢地制定培训开发计划,从而提高培训开发的成效,再通过比对员工培训前后绩效结果的变化来优化培训开发计划,进一步提高培训成效。

五、与薪酬管理的关系

绩效管理与薪酬管理的关系最为直接,按照赫茨伯格(Herzberg)的双因素理论,如果将员工的薪酬与他们的绩效挂钩,使薪酬成为工作绩效的一种反映,就可以将薪酬从保健因素转变为激励因素,使其发挥更大的激励作用。此外,按照公平理论的解释,支付给员工的薪酬应当具有公平性,以更好地调动他们的积极性,为此要对员工的绩效做出准确的评价,一方面使他们的付出与回报相匹配,实现薪酬的自我公平;另一方面,也应使绩效不同的员工得到不同的报酬,实现薪酬的内部公平。

六、与人员配置的关系

绩效管理的结果会对人员职位变动方面的决策产生影响。通过绩效管理,如果发现员工在现有岗位绩效水平低下,便可依据其现有的绩效水平为其匹配新岗位。同时,通过绩效管理还可发现高绩效水平的员工,做到"人尽其才,才尽其用",从而实现人力资源效用的最大化。

第四节 绩效管理的发展趋势

在未来的工作中,成功的绩效管理取决于很多因素,如工作特征、组织需求和员工品质,等等,这些因素会对组织及员工的多方面造成影响,进而左右未来绩效管理的方向与方法。

1. 工作团队化带来的变化

未来的组织会越来越多地依赖工作团队来完成任务,因而会强调团队的绩效,评价团队绩效是绩效管理未来发展的方向。但团队是由个体员工组成的,如何在团队绩效中划分、评价单个员工的绩效,特别是在该员工并没有直接参与团队工作的情况下这一工作如何进行,是未来绩效管理需要解决的问题。

2. 工作地点分散化带来的变化

如今,越来越多的工作团队由在不同地点工作的成员组成,团队成员们甚至可能处在不同时区和截然不同的文化中。由于团队管理者与成员存在地域和文化观念上的差异,直接的绩效辅导与监督方法不再有效。通常,组织创建由不同地区成员组成的团队是出于对利用特定专业知识,降低成本,提高员工满意度,以及解决员工调配矛盾的需要。跨地域的团队可以是高度凝聚的团队,成员间联系紧密,也可以是比较松散的仅由任务联系起来的群体,团队成员间可能彼此清楚各自的表现,更多的可能是团队成员彼此一无所知。如何评价跨地域团队与团队成员的绩效也是未来绩效管理需要解决的问题。

3. 灵活的工作任务带来的变化

在过去,工作被清楚地定义为了实现特定的目标而执行的一系列相关任务。最近的趋势表明,工作任务变得更广泛,员工转换任务变得更加频繁,现实决定了员工需要发展更广泛的技能,以高水平的适应性来满足不断变化的工作要求。未来,评价员工绩效不能仅仅局限于工作技能之上,需要扩展绩效评价的广度。

4. 灵活的工作场所带来的变化

当前,许多员工可以有不同的灵活的工作地点,这种情况在组织中呈现出日益增长的趋势。如:经常出差的员工可能没有一个固定的工作场所;"远程办公"允许员工在办公室以外的地方工作。这些灵活的工作场所虽可以减少组织的支出,提高员工的生活质量,但会导致管理者与员工的关系发生深刻变化,在这种情况下,如何实施绩效管理确实是一个难题。

绩效管理今天面临的问题将是明天的发展方向,必将成为学者和管理者共同关注的研究探索课题,从而推动管理理念与技术的进步。

? 习题

学习小组(贯穿本课程学习的固定的学习团队)讨论、交流对"组织绩效"与"个人绩效"、"绩效管理"与"绩效考核"的认识,初步形成集体学习的模式。

第二章

绩效评价指标及指标体系

【学习目标】

掌握绩效评价指标与指标体系的有关理论知识,领会绩效指标与指标体系的选用思路。

尽管评价绩效的方法有很多，但如果按从整体评价和局部评价来分类的话，绩效评价方法可分为两大类，即不需要绩效评价指标的方法和需要评价指标的方法，即有无绩效评价指标成为这些方法的"分水岭"。在管理实践中，虽然这两类方法都被广泛使用，但由于人们对管理的精细化要求和具有绩效评价指标的评价方法易于使用，因而人们更倾向于使用以评价指标来评价绩效的方法。由此，绩效评价指标成为绩效评价理论的重要组成部分，同时它也是决定从什么角度评价绩效的关键因素。本章以绩效评价指标为对象，详细具体地介绍有关理论及工具。

第一节　绩效评价指标

一、绩效

绩效的概念来自于美国，英语中用"Performance"表示。一般而言"Performance"有表现、展示等意思，是英语中的常用词。

"Performance"在人力资源管理领域有着特定的含义，是指经过确认了的工作结果或工作行为，也就是"绩效"。绩效概念包含了两方面的内容，即工作结果和工作行为，绩效即可由工作结果或工作行为单方面体现，也可以是两者的综合体现。

对工作结果和工作行为的确认过程称为绩效评价，只有通过这个过程，管理者与被管理者方能知晓绩效状态，这一切都是为了达到不断改进绩效的目的。

二、绩效指标

绩效指标（Performance indicator）是在评价绩效的过程中用以确认工作结果或工作行为的最小单元，对组织或个人的绩效进行评价实际上是将组织或个人的工作结果或行为分解成若干个单元，通过对这些单元一一进行评价并对评价结果进行数据处理，最后得出组织或个人的总体绩效的过程。

在绩效管理中，绩效指标、绩效评价指标、绩效考核指标和绩效评价要素等是常出现的名词，这些名词本质上没有差别，可能是由于译法的不同导致了汉语表达的不同，但就准确性而言，绩效指标是其中最贴切的汉语表达，而绩效评价指标是最常用的专业术语，因此在本书后面的表述中多用"绩效评价指标"一词。

三、绩效评价指标的分类

尽管理论上可以从不同的侧面对绩效评价指标进行分类,现实中也确有多种分类,但分类不是目的,而是为了便于管理者理解绩效评价指标并准确地使用它,以持续推进绩效管理工作。

1. 量化指标与非量化指标

根据指标的表达方式不同,绩效评价指标有量化指标与非量化指标之分。量化指标是用数量表示指标值的绩效评价指标,非量化指标则是不能用数量表示指标值的绩效评价指标。

2. 绝对指标与相对指标

根据指标的指向不同,绩效评价指标可分为绝对指标与相对指标。绝对指标是与"自己"做比较的绩效评价指标,相对指标则是与"他人"做比较的绩效评价指标。如果绝对指标又是量化指标,则指标值可以用增加或减少的比例表示,也可以用数值表示。而相对指标的量化指标值直接以数值表示。

3. 战略指标、经营(财务)指标与管理指标

根据指标的性质不同,绩效评价指标可分为战略指标、经营(财务)指标与管理指标。战略指标是由组织战略(规划)所确定的绩效评价指标,这类指标起到传导组织战略意图的作用。经营(财务)指标是由经营活动所确定的绩效评价指标,这类指标多为量化指标。管理指标则是为保障组织运作有序而确立的绩效评价指标,这类指标多为非量化指标。

四、绩效标准

绩效标准(Performance standard)是岗位要求任职人员的工作结果或行为应达到的水平,是度量任职人员绩效的尺度。绩效标准体现的是工作可以被接受的绩效水平,而不是良好的绩效水平。

绩效标准包括:岗位工作内容标准(职务标准)与岗位任职能力标准(职能标准)。岗位工作内容标准和岗位任职能力标准均来源于岗位说明书,从岗位说明书中提取绩效指标后制定绩效标准,在制定绩效标准时还要结合任职人员工作产出的一般水平。

理论上,制定绩效标准是基于岗位工作本身而非岗位任职人员。实践中,在人力资源供给良好的状况下制定岗位绩效标准不需考虑人的因素,但如果人力资源供给

状况不好,则需要考虑岗位现任职人员以及可任职人员的实际状况。当任职人员的能力暂时不能达到要求且又由于各种原因不能被替代时,要考虑降低绩效标准,同样的道理,当适合配置到岗位的人力资源变得稀缺时也要考虑降低绩效标准。

例 2-1　为某公司办公室秘书制定绩效指标与标准

岗位说明书是组织的制度性文件,它既是组织对岗位内涵、工作范围的界定,也暗含了对工作绩效的要求,因此制定绩效指标与标准可从岗位说明书着手。

第一步:查阅办公室秘书的岗位说明书(如表 2-1 所示),提取"工作内容"信息(如表 2-2 所示)

表 2-1　某公司办公室秘书岗位说明书

岗位编号:　023　　岗位名称:　办公室秘书　　所属单位:　办公室
一、岗位基本情况
1. 直接上级岗位:办公室主任　　直接下级岗位:无
2. 工作沟通关系(按密切程度排序):××、××、××
二、岗位任职条件
1. 学历:××
2. 专业:××
3. 政治面貌:××
4. 计算机水平:××
5. 英语水平:××
6. 需特别注意的方面:××
三、岗位工作内容
1. 速记口述文件
2. 撰写日常信件并整理来信
3. 接打电话
4. 安排会务及差旅
5. 打印并整理公文
6. 接待来访客人
7. 整理各类公文档案
8. 完成领导临时交办的其他任务。
四、……

表 2-2 办公室秘书岗位工作内容

岗位名称：办公室秘书
工作内容
1. 速记口述文件
2. 撰写日常信件并整理来信
3. 接打电话
4. 安排会务及差旅
5. 打印并整理公文
6. 接待来访客人
7. 整理各类公文档案

第二步：归并工作内容，提取绩效指标（如表 2-3 所示）

表 2-3 办公室秘书岗位绩效指标

岗位名称	办公室秘书	绩效指标
工作内容		
1. 速记口述文件		记录
2. 撰写日常信件并整理来信		管理文件
5. 打印并整理公文		
7. 整理各类公文档案		
3. 接打电话		接打电话
4. 安排会务及差旅		安排会务差旅
6. 接待来访客人		接待

第三步：确立绩效标准（如表 2-4 所示）

表 2-4 办公室秘书岗位绩效标准

岗位名称	办公室秘书
绩效指标	绩效标准
记录	1. 记录准确无误 2. 打字无错别字及文法错误 3. 按时完成工作
管理文件	1. 按信件或公文指定的接受人送达 2. 登记、存档公文
接打电话	铃响三声前接听电话并转达或记录电话
安排会务差旅	1. 会前半天安排好会议用房、文件资料等 2. 提前通知参会人 3. 按时无误订购车、船、机票及酒店
接待	1. 登记来访客人信息并安排有关人员接待客人 2. 送客

本例说明，岗位说明书是确立绩效指标的基础，但绩效指标并不仅仅来源于岗位说明书，岗位的性质与所处的层级决定了其绩效指标与组织总的绩效目标的关联程度。本例中，办公室秘书岗位属基础职能岗位，其与组织总绩效目标关联甚少，岗位任职人员绩效好坏不能直接反映在组织绩效中，当然组织绩效的好坏也不能说明该岗位任职人员绩效的好坏，因此，对这类岗位的绩效要求应本着工作的内在需要及规律性要求的原则提出。

同样的，岗位说明书也是确立绩效标准的基础，但绩效标准不能仅仅体现岗位的要求，还应考虑任职人员工作产出的一般水平。也就是说，绩效标准体现的是工作可以被接受的绩效水平，而不是良好的绩效水平。这一点在很多组织中都没有实现，反映出两个问题。第一，可能是组织追求员工绩效的最大化，尽可能地将绩效标准提高，迫使员工不断地向着高标准趋近；第二，可能是标准制定人员存在专业能力缺陷，没能很好地设定度量绩效的尺度。不论哪种原因，绩效评价结果都会对被评价者造成"打击"，让他们没有了工作的成就感，丧失工作的动力。

绩效指标有量化与非量化之分，与之相对应，绩效标准也有定量与定性之别。本例中的绩效标准大多都是定性的，但并不能因此说这样的绩效标准不科学或不好。不能根据绩效标准是定量还是定性来判断其好坏，而要看其是否能促进绩效的提高，这是绩效管理的根本目的所在。

在一些组织中，岗位说明书不是没有就是已经多年没有更新而失去了它的功用，在这种情况下，仍可以制定岗位的绩效指标与标准，只不过这时的工作起点不是查阅岗位说明书而是梳理归纳出岗位的工作内容。梳理过程可采用访谈、工作日写实等手段。

五、绩效目标

绩效目标（Performance goals）是对工作行为及工作结果的期望。绩效目标的内容可以是表达组织理念，为组织发展指明方向的较为抽象的内容，但更多的还是由绩效评价指标构成的用于指导具体工作的内容。

不同绩效评价方法中的绩效目标有不同的作用。当采用比较法评价绩效时，由于这类方法不需要绩效评价指标，只需对被评价者进行相互比较即可得出绩效结果，因而绩效目标用于确立绩效管理的理念与方向。如果用量表法评价绩效，由于这类方法用绩效评价指标来衡量被评价者的绩效水平，因而绩效目标表现为绩效评价指标的集合体。

六、绩效计划

绩效计划(Performance plan)是包含绩效目标、实现绩效的行为以及时间等内容的工作文件。尽管不同组织的绩效计划的表述多种多样,但制订绩效计划必须遵循 SMART 原则,即要满足下述五个要求:

(1) S(specific)要求,即所制定的绩效计划应具体而明确。

(2) M(measurable)要求,即绩效计划所涉及的行为与结果均是可以衡量的。

(3) A(attainable)要求,即绩效计划中的绩效标准是可以达到的,或者是通过努力可以达到的。

(4) R(realistic)要求,即绩效计划中所涉及的措施应在现实中可行。

(5) T(time bounded)要求,即绩效计划有时效性,必须规定完成绩效计划的时间。

工作计划是绩效计划的一部分,可以认为是简化了的绩效计划,因为在工作计划中重点关注的是工作的内容、地点、方法手段以及完成工作的时间,较少地列明工作完成的标准,因此是不够完整的绩效计划。如果组织已有制订工作计划的要求,那么制订绩效计划就变得比较容易了,只需要按 SMART 原则完善工作计划即可。

对于很少或从未有制订工作计划要求的组织,要制订绩效计划不太容易,这其中不仅仅有学习如何制订绩效计划的问题,还有需要改变现有的工作习惯,养成一种新的工作习惯的问题。习惯的养成不是一朝一夕的事,而要经历一个较长的过程。同样的道理,要改变一种习惯也不是一朝一夕的事,也需要经历一个较长的过程。

第二节　绩效指标体系

在制定绩效计划时,理论上可以只由一个绩效指标来衡量被评价者的绩效,然而这种情况在现实的管理实践中很少见。由于很多工作的内容涵盖面广而复杂,仅用单一绩效指标衡量其绩效显然有失偏颇,因此采用多绩效指标(绩效指标群)和多评价主体的方式评价绩效方能得出较为全面的评价结果。关于评价主体的内容将在后面的章节中阐述,本节只关注绩效指标群——绩效指标体系的内容。

一、绩效指标体系

不是任何放在一起的一堆绩效指标就组成了一个绩效指标体系。构成一个指标体系的绩效指标之间应具有某种内在的联系,应从属于某个特定的目标,并共同承担评价任务。一般意义上,如果多个绩效指标共同完成对一个被评价组织或一个被评价者绩效的评价,那么它们即构成一个绩效指标体系。

绩效指标体系在评价中的作用要远远大于单个绩效指标的作用,这不仅仅是因为体系中包含的指标数量多,还因为多个指标之间能相互呼应,从多角度、多层面去反映绩效事实,使被评价者信服。

经过长期的管理实践,人们创造出了一些特定的绩效指标体系,在现今的管理实践中它们被广泛使用,这其中有关键绩效指标体系、平衡计分卡等。

二、关键绩效指标体系

(一) 关键绩效指标的概念

关键绩效指标(Key performance indicators,KPI)是指影响绩效实现的关键因素,通常它是用于衡量员工工作绩效的量化指标,是绩效计划的重要组成部分。关键绩效指标体系是通过对影响绩效实现的诸因素进行分析,从中提取数个关键因素作为评价绩效的指标,也即关键绩效指标,并确立绩效标准,用以衡量绩效的指标群。

关键绩效指标体系形成的理论基础是帕累托定律。1897年,意大利经济学家维尔弗雷多·帕累托对19世纪英国人的财富和收益模式进行研究。在调查取样中,他发现大部分的财富流向了少数人手里;同时,他还发现了一件非常重要的事情,即某一个族群占总人口数的百分比和他们所享有的总收入之间有一种微妙的关系。他指出:在任何特定群体中,重要的因子通常只占少数,而不重要的因子则占多数,因此只要能控制具有重要性的少数因子即能控制全局。这个原理经过多年的演化,已变成当今管理学界所熟知的"二八"法则。

关键绩效指标体系是"二八"法则在绩效管理中的应用典范。在一个组织中总是可以看到这样的现象,20%的骨干人员为组织创造了80%的价值,同样对每一位员工而言,其80%的工作任务是由20%的关键行为完成的。由此而得知,需要特别关注"80%的价值"和"20%的关键行为"之间的因果关系,关键绩效指标体系就是基于"二八"法则建立的。尽管关键绩效指标体系只包含少数几个绩效指标,但这些指标足以控制绩效实现的方向与进程,促成绩效的改变。

组织的战略目标是通过将其分解成各类工作目标并达成这些目标的方式实现的,要想达成工作目标,需要有针对性地提出绩效要求。由于关键绩效指标体系能紧紧地抓住工作重点,十分容易地围绕工作目标设置评价绩效的指标,有效地将宏观的战略目标与微观的工作行为和结果联系起来,因此它是实现组织战略目标的有力工具。

与关键绩效指标相关联的还有一个重要的概念——关键绩效行为（Key performance action, KPA）。当一项任务不容易找到相应的关键绩效指标或难以量化时，可以通过对完成任务的行为进行分解，找出几个关键行为，并分别提出要求，形成多个目标，构成目标群——关键绩效行为体系，以实现绩效管理的目的。在日常工作中，关键绩效行为还是制定工作计划的常用工具。

　　这里还必须提及另外两个概念：一个是关键结果领域（Key result areas, KRA），它是指在实现企业整体目标的过程中必须取得满意结果的领域，是企业关键成功要素的集合。另一个是关键过程领域（Key process area, KPA），它是指组织需要集中力量改进和解决问题的过程。

　（二）关键绩效指标的作用

　　1. 关键绩效指标是组织战略目标分解的产物，有力地推动组织战略在其内部各分支、各层级、各岗位的执行；

　　2. 关键绩效指标使上下级对岗位工作职责和关键绩效要求有了清晰的共识，确保各级各类人员的工作努力方向与组织战略目标的实现相吻合；

　　3. 关键绩效指标为绩效管理提供了透明、可衡量的基础，帮助各级各类人员集中精力处理对组织战略有重大驱动力的事务；

　　4. 关键绩效指标是对绩效构成中可控部分的衡量，通过定期回顾关键绩效指标的执行情况，员工能清晰地了解当前的绩效状况，并及时诊断存在的问题，改进绩效。

　（三）关键绩效指标体系的基本特征

　　1. 系统性特征

　　关键绩效指标不可能为组织中哪个层级、哪个子系统、哪个岗位所唯一拥有，因此，关键绩效指标体系由组织整体中各层级、各分支、各岗位的关键绩效指标综合构成，是层层关联、层层支持的网络体系。

　　2. 可控性特征

　　关键绩效指标的形成是基于组织的发展战略与具竞争性的活动或具增值性的流程，而非岗位的职能。因此，关键绩效指标体系对即时的绩效状况较为敏感，并促使绩效方向的修正，实现对绩效形成过程的连续调整。

　（四）建立关键绩效指标体系的基本步骤

　　1. 分解战略，锁定关键因素，提取指标

　　可按照从宏观到微观的顺序，从战略到流程依次建立各层级的指标体系。首先，明确组织战略目标,找出重要业务流程或领域,并确定其中的关键因素,从而获得关键绩效指标,构建组织的关键绩效指标体系。其次,各层级依据组织或上一层级的关键绩效指标构建本层级或本部门的关键绩效指标。再将上一层级的关键绩效指标进一步分解细化成岗位关键绩效指标,最终完成整个关键绩效指标体系的框架构建工作。

2. 配置绩效标准

为指标配置标准是建立绩效指标体系不可或缺的工作,否则指标体系不完整,不具可操作性。这里的问题是如何设定指标标准,其中不仅有理论难题,而且实践中的难题更多更复杂。

3. 审核

审核关键绩效指标的目的主要是为了确认这些关键绩效指标是否能全面准确地体现组织的战略意图,是否能客观地反映被评价者的工作绩效,是否便于评价操作。因此,审核指标的工作不可忽视。

(五) 两种提取关键绩效指标的工具

1. 十字图

十字图是分解战略、提取指标的有效工具。它通过从纵横两个方向分解组织战略与业务流程,以完成指标的提取工作。即:纵向从战略目标分解开始,横向则通过结合业务流程锁定关键因素,最终提取指标。详细流程如图2-1所示。

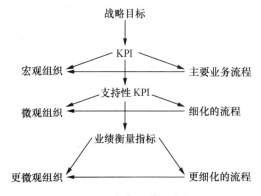

图2-1 十字图详细流程

资料来源:百度百科,http://baike.baidu.com/view/1763417.htm。

2. 鱼骨图

鱼骨图是分解战略、提取指标的另一有效工具。鱼骨图的核心思想是组织的战略目标,通常情况下都能分解为几项主要的子目标,它们与组织的几个主要业务流程存在内在关系,将主要业务流程与子目标联系起来,可从中获得关键绩效指标。

具体的鱼骨图如图 2-2 和图 2-3 所示。

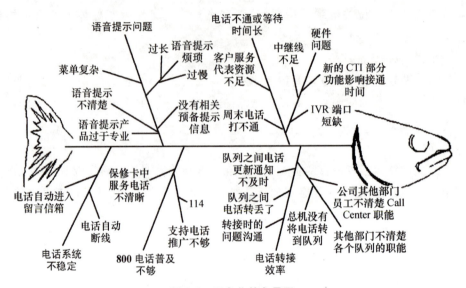

图 2-2　形象化的鱼骨图

资料来源:百度百科,http://baike.baidu.com/view/1088642.htm? pid = baike.box。

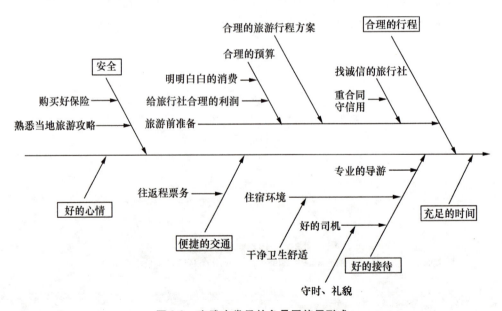

图 2-3　实践中常见的鱼骨图使用形式

资料来源:同图 2-2。

图 2-2 是形象化的鱼骨图,图 2-3 则是实践中常见的鱼骨图使用形式。

表 2-5 是一般意义上的通过分解后形成的各分支系统的关键绩效指标,可供参考。

表 2-5 关键绩效指标体系示例

系统名称	指标名称
研发系统	新产品上市时间 新产品销售额增长率 人均新产品毛利增长率 老产品技术优化及物料成本降低率 运行产品故障数下降率 ……
采购系统	合格物料及时供应率提高率 人均物料采购额增长率 可比采购成本降低率 ……
生产系统	及时发货率增长率 人均产值增长率 制造费用率降低率 产品制造直通率提高率 ……
营销系统	销售额增长率 出口收入占销售收入比率增长率 人均销售毛利增长率 销售费用率降低率 合同错误率降低率 ……
财务系统	净利润增长率 管理费用率降低率 成本控制 ……

资料来源:百度百科,http://baike.baidu.com/view/1763417.htm。

(六)关键绩效指标体系与一般绩效指标体系的区别

表 2-6 列出了关键绩效指标体系与一般绩效指标体系的区别,清楚地反映了关键绩效指标体系的优势所在。

绩效评价与管理

表 2-6　关键绩效指标体系和一般绩效指标体系的区别

	关键绩效指标体系	一般绩效指标体系
指标前提	员工愿努力达成事先确定的工作目标,以实现组织战略目标	组织实施战略目标与一般员工无关
指标目的	以组织战略为中心,指标体系服务于组织战略目标	以控制为中心,指标体系服务于控制员工绩效
指标来源	对组织战略目标进行层层分解而得	是员工历史绩效状况与提升绩效的要求之共同产物,是对员工历史绩效水平的调校
指标作用	提升组织短期效益,关注组织长期发展	总结员工绩效存在的问题,指导员工绩效改进

需要特别指出的是,关键绩效指标体系关注与衡量的是工作的重点,而不是也不应该是工作的全部,它对于岗位的常规性工作涉及较少甚至不涉及,如果常规性工作是不可或缺的,工作的绩效也是需要衡量的,则须采用其他的绩效指标体系或方法。

三、平衡计分卡

(一) 平衡计分卡的概念

平衡计分卡(Balanced score card,BSC)是哈佛商学院教授罗伯特·卡普兰(Robert Kaplan)和复兴全球战略集团的创始人兼总裁大卫·诺顿(David Norton)发明的,它提出了一种新的绩效管理思路。罗伯特·卡普兰和大卫·诺顿两人花费了一年的时间,在研究了十二家公司的绩效管理后总结出一种新的绩效指标体系——平衡计分卡,该体系为管理者们提供了一个全面的管理框架,能将组织的战略目标转化为一套绩效指标系统。

平衡计分卡是从财务、顾客、内部管理、学习与创新四个方面来理清组织的战略,规划管理流程,并通过对组织战略的分解,确定绩效目标,实现组织整体绩效的持续提升。平衡计分卡的核心思想就是通过财务、客户、内部管理及学习与创新之间的相互驱动的因果关系展现组织的战略轨迹,将绩效管理的地位上升到组织的战略层面,使之成为落实组织战略的实施工具。

具体地,平衡计分卡是从四个方面分解战略,分别确定四个方面的绩效目标,它们共同完成衡量绩效的任务。四个方面的绩效目标既是相互独立的,又是相互联系和相互作用的,它们的关系如图 2-4 所示。

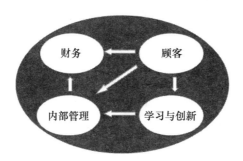

图 2-4 平衡计分卡四个绩效目标之间的关系

由上图可知,平衡计分卡在突出了绩效的战略导向性特征的同时,指明了组织中多因素平衡协调才是可持续发展的基石。这种管理思路尤其适用于较为成熟的大型组织以及对工作团队的绩效评价。

(二) 平衡计分卡的特点

平衡计分卡的最大特点是"平衡",它追求长期目标与短期目标的平衡、外部和内部的平衡、结果和过程的平衡、财务与非财务体系的平衡、管理绩效和经营绩效的平衡,等等。所以它能促使组织形成和谐统一的有机整体,实现平衡和协调,有利于组织的长期发展。平衡计分卡尤为突出的特点如下:

1. 平衡计分卡能达成组织长期目标与短期目标的平衡,是组织战略管理的强有力工具

平衡计分卡在将组织的长期战略目标落实到十分具体的绩效评价指标之中的同时,也充分考虑了组织眼前的需要,通过推进绩效评价,实现长期目标与短期目标平衡的目的。

2. 平衡计分卡兼顾外部和内部的需求与条件,促使组织整体绩效的提高

平衡计分卡所涉及的四个方面正是组织获得成功发展的内外部关键要素的集合体,它促使管理者尤其是高层管理者始终关注并把握组织的整体系统性,同时促使中基层管理者认识到某一领域的绩效提升可能是以其他领域的绩效退步为代价的,因而,提高绩效时要跳出自己的"小圈圈",建立组织"一盘棋"的全局观。因此,平衡计分卡中绩效标准得以达到之际,即是组织整体绩效提高之时。

3. 平衡计分卡体现了结果和过程同等重要的管理思路,激励员工参与管理

在很多营利性组织中,绩效评价体系由财务管理人员设计并监督实施。殊不知,由于专业领域的差别,财务管理人员并不清楚经营、管理及技术创新等方面的关键性问题,更无法对其中的过程提出合理的要求,因而无法对组织整体经营绩效进行科学合理的计量与评价。平衡计分卡促使人们在关注绩效结果同时,必须关注绩效取得

的过程,因此只有通过各级各类员工的广泛参与才能实现绩效结果与过程的平衡。

(三)平衡计分卡的适用对象

1. 进入成熟期希望能持续长久发展的组织

任何组织都有其生命期,组织步入成熟期就如同人进入中年,要想长寿就必须进行保养,以协调身体各方机能。平衡计分卡就是成熟期组织的"保健品"。

2. 不得不转型、变革的组织

不得不转型变革的组织之前一定存在诸多问题,以至于危及其生存。变革后自然不能重走老路,必须兼顾短期生存与长期发展,要强身健体,于是平衡计分卡成为组织的"滋补品"。

3. 急需提高整体管理水平的组织

平衡计分卡最擅长推进组织整体管理水平的提高。

4. 强调战略管理能力的组织

平衡计分卡是组织战略实施的强有力的工具。

(四)平衡计分卡的适用条件

1. 从组织高层管理者到基层员工都能充分参与

这是保证平衡计分卡成功实践的首要条件。试想,若只有组织高层管理者热衷于平衡计分卡,其他员工莫衷一是,绩效从何提高?

2. 组织信息管理有序,信息传递便捷

设计平衡计分卡需要大量的历史和现实的数据作支撑,并且在实施过程以及实施后的评价中还会产生大量的数据和信息,如果没有良好的信息传递的软硬件环境,平衡计分卡就无用武之地。

3. 组织应拥有良好的管理能力

平衡计分卡是一个很复杂的指标体系,其中包含众多的指标,不论是其设计过程还是推行过程,都要求管理者必须愿意学习接受先进的管理理念,具有较为全面的管理理论并掌握良好的管理技能。管理能力差的组织使用平衡计分卡会导致绩效的下降。

4. 建立了基本完善的制度体系

制度体系反映的是组织工作中的理性原则,它使平衡计分卡的过程控制、结果评价有了理性依据,从而也就有了贯穿始终的保障。

5. 需要组织有足够的经济实力

平衡计分卡要求组织从财务、客户、内部管理、学习与创新四个方面考虑战略目标的实施,并要为每个方面制定详细而明确的指标和标准,其间需要消耗大量人力和时间,有的组织自身难以完成这些工作,还需借助外部智力资源。平衡计分卡的执行过程也是一个耗费资源的过程,一份平衡计分卡总的开发时间经常是一年或更长。这些都需要组织有强大的经济能力做后盾。

(五)设计平衡计分卡的原则

一个结构严谨的平衡计分卡应遵守以下三个基本原则:

1. 绩效指标间具有因果关系

平衡计分卡中的指标不是各自独立的,而是构成具有因果关系的指标链,它们之间环环相扣,互为因果,构成一个有机整体。

2. 绩效标准设定具有绩效驱动力

绩效驱动力是平衡计分卡成功的要素,它来自组织对绩效的适当的合理的要求,绩效标准的设定是综合考虑四方面需求的结果,均衡方能有力。

3. 财务指标要能反映绩效结果

财务数据能比较直观地反映组织整体的绩效状况,尤其是营利性组织,其财务指标和获利能力联系紧密,而获利能力是其整体绩效状况的集中表达,因此平衡计分卡中的指标应能由财务数据反映。

(六)设计平衡计分卡的基本步骤

设计平衡计分卡是一个复杂而耗时的过程,通常需要数月乃至几年的时间,经历几次循环的调校方能完成。虽然设计过程步骤很多,不同组织的设计过程差异较大,但其中的基本步骤大致相似,详见图2-5。

必须特别指出的是,组织采用平衡计分卡之前应已有明确的并上下一致认同的发展战略,不能用平衡计分卡去创立发展战略。另外,平衡计分卡是绩效的评价工具,是对绩效结果的反映,因此也不能用来改进流程。

四、两个重要的绩效指标

(一)市场增加值(Market value added,MVA)

1988年,美国思腾思特公司(Stern Stewart & Co.)选取两家上市公司——通用汽车(General Motors Corp.)和默克制药公司(Merck & Co. Inc.)进行研究后发现,通用汽车的股东对公司累计投入了450亿美元的资本,默克制药的股东对公司的累计投入仅有50亿美元,而当年它们的市场价值都是250亿美元左右。如果仅从市场价值

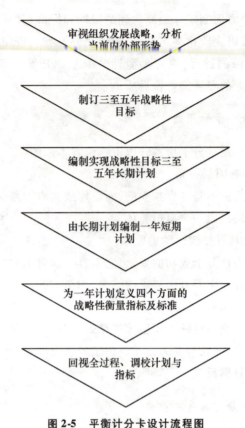

图 2-5　平衡计分卡设计流程图

看,两家公司不分上下,如果考虑投资因素,情况又会怎样呢?由此,思腾思特公司发明了一个衡量公司绩效的指标——市场增加值。

1. 市场增加值的概念

市场增加值是企业变现价值与原投入资本之间的差额。如果该企业是一家上市公司,市场增加值则为其股票的市场价值与对公司的累计资本投入之间的差额。如下式:

$$MVA = 价值 - 总资本$$
$$= 公司市值 - 累计资本投入$$

于是

$$通用汽车公司的 MVA = 250 - 450 = -200(亿美元)$$
$$默克制药公司的 MVA = 250 - 50 = 200(亿美元)$$

从市场增加值的角度看,通用汽车公司的股东价值不增反降,实际上损失了 200 亿美元,而默克制药公司则新增了 200 亿美元的股东价值。所以考虑投资因素后,默克制药公司比通用汽车公司的绩效好得多。

由此可见，通常意义上的企业规模、利润等财务指标已经不能满足评价一个企业价值的需要，市场增加值指标揭示了企业价值产生的真正原因，直接显示了一家企业累计为股东创造的财富数量。

2. 市场增加值的管理作用

（1）市场增加值指标是从公司外部评价其绩效状况的最好工具，它能准确地评价公司所创造的财富，能清楚地计算出投资者累计投入一家公司的资本和按当前价格在股票市场上卖出全部股票所获现金之间的差额，促使管理者时刻关注公司的市场表现。

（2）市场增加值指标能帮助投资者对投资风险进行判断，因此，通过对同行业不同公司、不同行业公司以及不同地区或国家公司的市场增加值量化比较，能发现其中可能存在的问题，提前做好防范风险的准备。

3. 市场增加值的适用对象

对上市公司而言，由于能方便地获取其股票价格，市场增加值指标是进行公司价值分析的一个好工具，但对非上市公司而言，因无法获得其市场价值的数据，这一指标无用武之地。因此，市场增加值指标只能适用于上市公司。

由于股票市场反映的是一家上市公司的整体市场价值，而其中的部门和岗位的价值无从得知。所以，市场增加值指标不能用来评价公司内部的部门及岗位的绩效。

4. 市场增加值指标存在的缺陷

（1）股票市场能否真正反映企业价值一直是一个有争论的话题。公司的股票市值受多重因素的影响，有宏观经济环境、政策取向因素，有人为炒作股价因素，现如今还有信息过剩以至于扰乱股票持有者判断等因素，这些因素都会使股价偏离公司的正常价值。因此，仅依靠市场增加值指标来评价公司绩效显然有失偏颇。

（2）股票市场的价格变动通常十分快速，公司股票价格在一个交易日中起伏超过10%不是稀罕之事，而公司的价值显然不可能有如此快速的变化。取哪个时间点的股票价格作为计算数据理论上都有道理，实践中却不好确定。

（3）市场增加值指标仅仅反映公司的市场价格与累计投资的差值，并没有考虑累计投入资本的机会成本，也没有考虑股东得到的中期现金回报，是公司不完全的价值体现。

在市场增加值指标未出现之前，财务体系中存在净现值指标。净现值指标是企业对自己价值进行评价的工具，它与市场增加值指标在概念的内涵上没有实质区别，只是评价企业价值的评价者不同而已。但正是由于评价者的不同，两者具有的客观性会出现差异，社会的认可程度也会有所不同。

（二）经济增加值（Economic value added，EVA）

针对非上市公司，美国学者 Stewart 提出了经济增加值的概念，思腾思特公司采用了经济增加值指标以度量非上市公司绩效。思腾思特公司认为，会计利润不能全面反映公司的绩效状况，必须考虑为产生利润所投入的全部资本的成本。经济增加值是基于税后营业净利润和产生这些利润所需资本投入总成本的一项企业绩效财务指标，据此，思腾思特公司开发并实施了一套以经济增加值指标为基础的财务管理系统、决策机制及激励报酬制度。

1. 经济增加值的概念

经济增加值是企业税后息前利润减去全部占用资本成本，也即所有成本被扣除后的剩余收入，由下式表示：

$$EVA = 税后净营业利润 - 资本成本$$
$$= 税后净营业利润 - 资本占用 \times 加权平均资本成本率$$

上式表明，虽然从会计利润的角度看许多公司是盈利的，也即税后净营业利润大于零，但用经济增加值指标衡量，它们中的许多公司 EVA 是负值，也即此时股东的财富不增反减，因为所得利润是小于全部资本成本的。

2. 经济增加值的核心思想

一个公司的价值取决于投资者对其利润是超出还是低于资本成本的预期程度。只有经济增加值持续不断地增长才会带来公司市场价值的提升，才能为股东带来源源不断的财富，股东才有了再投资的动力。因此，企业的管理者必须特别关注股东的财富增长。

经济增加值最突出的贡献是揭示了资本付费要求的合理性与持续性，它改变了人们曾经仅仅按利润的多少来评价企业好坏的做法，首次向企业管理者明示，其取得的绩效是使用资本的结果，因此为资本付费是资本所有者正当的要求。企业创造出更多财富，既是对股东的回报，也是改善、提高广大员工的收益的源泉。

3. 经济增加值的管理作用

（1）改变企业全员的行为方式

经济增加值不仅仅是一个评价绩效的指标，还是一种管理思想的代表，它迫使管理者转变思维角度，改变行为方式，以负责任的态度谨慎使用资本。同时也提醒全体员工，如果股东财富没有增加，企业将逐渐失去存在的价值，员工将丧失工作的岗位，爱岗敬业成为每一个人的立身之本。

（2）明确资源的配置方向

管理者常常会面临这样的纠结状况：是以较低价格大批量购买原材料降低单位

生产成本，还是小批量生产并加快机器运转以减少存货呢？前者降低了存货周转率，而后者则提高了单位生产成本。如何抉择是一个两难的问题。

对于上述一些企业经营管理中常遇到的两难问题，如果使用经济增加值这一工具，解决问题的思路则变得十分清晰与简单，即向着提高经济增加值的方向配置资源。资本成本概念的引入，明确了资本的使用需要付费的事实，促使管理者理智而精明地使用资本，努力提高资本的利用效率，因为资本的费用将直接和其收入挂钩。

（3）纠正误区

经济增加值之所以能成为杰出的绩效评价指标，在于它采用了核算资本费用和消除会计扭曲的方法，它扣减了为提高收益而必需的要素支出，能真实地反映企业的价值。

4. 经济增加值的适用对象

经济增加值适用于几乎所有的营利性组织。

由于经济增加值对当前的绝对盈利水平并不敏感，而十分关注减去资本成本后的剩余利润，而且，经济增加值是从股东利益的角度来衡量企业绩效，因此只要企业有股东存在，只要股东有财富增长要求，就有用经济增加值来评价绩效的需求，所以不论是刚创建的小企业还是有着数年历史的大型企业乃至跨国企业，都是经济增加值这一评价工具的适用对象。

经济增加值的适用对象只是营利性组织，也就是说，它不适合用来评价非营利性组织。因为非营利性组织不追求利润，没有评价其经济价值的必要。同时，经济增加值指标也不适用于评价公司内部的部门或岗位的绩效，因为部门与岗位不是一个独立的经济体，不能也不便用经济增加值去评价它们。

5. 经济增加值存在的缺陷

尽管运用经济增加值评价工具能显著地降低经营风险和财务风险，能方便股东衡量收益量和持续性，但它不是万能的，有着明显的缺陷。

（1）短期性缺陷

经济增加值指标评价的是企业一个绩效周期的绩效，属于短期财务指标。如果管理者有一个较长的任职时间，可以通过连续地对其每一绩效周期提出经济增加值的增量要求来实现企业价值的持续提高。但通常管理者的任职时间不够长，经济增加值的短期性缺陷会因为管理者任职的短期性而凸显出来。管理者出于自身短期利益的考虑，会对市场占有率、新产品研发项目等使企业未来经济增加值能持续增长的动力性因素缺乏足够的兴趣，因此，这时除了用经济增加值来评价企业绩效外还需增加能弥补管理者短视行为的指标，驱使管理者将自己的决策行为与股东的利益保持一致。

(2) 片面性缺陷

经济增加值是财务指标,单纯采用经济增加值指标评价绩效会使企业不重视非财务的绩效信息,经济增加值在满足股东利益要求的同时丧失了企业全面发展的基础,久而久之企业发展畸形,所以管理实践中多采用经济增加值与其他绩效评价指标相结合的方法,取长补短,以避免经济增加值指标的片面性缺陷。

(3) 外部经济性缺陷

经济增加值指标是企业内部评价绩效的财务指标,它不直接考虑企业外部经济环境因素对绩效的影响,不反映市场对企业未来收益的预期。事实上,企业的价值很大程度上会受到外部经济环境的影响,从世界经济状况、国家宏观经济状况到区域行业经济状况都会影响企业的外部经济性,尤其是当外部经济形势快速变化时,不能仅仅使用经济增加值指标来评价企业绩效,否则这一缺陷会被放大。

习题

各小组自由选取熟悉的工作岗位(准工作岗位),分析岗位工作内容,选定绩效指标与绩效标准,形成书面报告。

作业形式:(1) 书面报告(必做);
　　　　　(2) 课堂演讲(选做)。

21世纪经济与管理规划教材

人力资源管理系列

第三章

绩效评价方法

【学习目标】

掌握各种绩效评价方法的内涵,清楚绩效评价方法各自的使用限制,领会绩效评价方法的选用思路,养成理论服务于实践的思维习惯,确立以组织的现实基础与未来诉求为本的管理观。

绩效评价方法是管理者度量工作者绩效的工具。现存的绩效评价方法有数十种之多，能满足人们对工作行为与工作结果进行绩效评价的要求。但真正在管理实践中被广泛应用的绩效评价方法并不多，仅集中在很少的几种方法上，其中原因有很多，比如管理者没有全面掌握绩效评价方法，或者为减少绩效评价的操作难度，使其便于理解而选择较为简单易行的方法等。不论哪种原因，许多绩效评价方法的闲置造成了资源的浪费，而且，所用绩效评价方法的局限性会导致评价结果出现较大的偏差，直接影响绩效管理的效果。本章会尽可能多地介绍各类绩效评价方法并尽量配以相应的案例，以方便读者掌握和运用。

第一节 绩效评价方法概要

我们知道，绩效的概念涉及工作行为与工作结果，与之相对应，评价绩效的方法也有适用于评价工作行为的和适用于评价工作结果的，还有两者兼而有之的。评价工作结果比较容易定量，评价工作行为则往往难以定量，因此有些评价方法没有量化的绩效指标，而另一些评价方法则具有量化的绩效指标。理论上，可以从不同的角度对绩效评价方法进行分类并考虑分类的实践意义，本节围绕绩效的内涵对绩效评价方法进行分类。

一、绩效评价方法总述

我们发现，现实中的绩效评价方法林林总总，让人眼花缭乱。究其实质又发现，由于绝大多数的评价方法来源于美国，有着英语洋名，国人对其的称呼因翻译不同而不同，所以"一法多名"的现象不足为怪。这干扰了人们的阅读与理解，给实践造成了不小的混乱，给教学带来了不少的麻烦。

在这里，十分有必要澄清认识，对各种绩效评价方法进行梳理。本书通过从各类书籍文献和各例绩效管理实践中进行收集、整理，并认真甄别，形成了绩效评价方法汇总表（表 3-1），相信它既能指导学习又兼具实践意义。

表 3-1 绩效评价方法汇总表

序号	中文名称	英文名称	中文别名	特点
1	统计法	—	实绩统计法 成果记录法 工作业绩记录法	结果导向型
2	排序法	Ranking Method	排队法 个体排序法	—
3	序列比较法	—	—	—
4	交替排序法	Alternation Ranking Method	交叉排序法	—
5	成对比较法	Paired Comparison Method	配对比较法 相互比较法 两两比较法	—
6	强制比例分布法	Forced Distribution Method	强制分布法 硬性分配法 强制正态分布法	—
7	人物比较法	Benchmarking Method	标准人物比较法 内部标杆法	—
8	标杆分析法	Benchmarking Method	基准化分析法	—
9	质量标杆法	Benchmarking Method	确定基准计划法	—
10	图尺量表法	Graphic Rating Scale Method	图示量表法 图尺度量表法 图尺度评价法 图解式考评法	—
11	等级择一法	—	—	—
12	综合量表法	Synthesis Method	综合尺度量表法	—
13	混合量表法	Mixed Standard Scales Method	混合标准评级量表法 混合标准评级法 混合型标准量表法 混合标准量表法	—
14	行为锚定法	Behaviorally Anchored Rating Scales Method	行为定位法 行为定位等级法 行为差别测评法 行为尺度评价法 行为锚定等级评价法 行为决定性等级量表法	行为导向型

了解、分析竞争对手,并学习日本企业以 TQC 推动的全面质量管理,从而迅速地在复印机市场上夺回竞争优势,重新确立权威地位。

图 3-3 是施乐公司标杆管理工作流程:

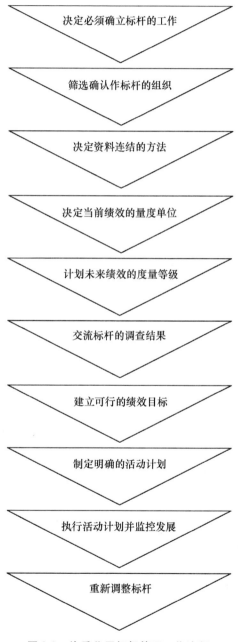

图 3-3　施乐公司标杆管理工作流程

施乐公司选择的标杆见表3-11。

表 3-11 施乐公司选择的标杆

公司名称	标杆
American Express	应收账款流程
AT&T	研究开发流程
Dow Chemical	供应商认证流程
Florida Power & Light	品质方案
Ford Motor, Cummins Engine	工厂布置
Hewlett-Packard	研究开发流程；工程作业
L. L. Bean	物料管理；配送作业
Marriott	顾客调查技术
Proctor & Gamble	行销
Texas Instrument	策略导入

资料来源：MBA 智库百科，http://wiki.mbalib.com/wiki/%E5%9F%BA%E5%87%86%E7%AE%A1%E7%90%86。

由本例看到，施乐公司的标杆由多家企业的某个工作环节或工作流程组合而成，显然标杆针对的工作都是当年施乐公司的问题所在，标杆则是其问题方面的外部先进榜样。

八、质量标杆法

质量标杆法是以其他项目的质量计划和质量管理结果为标杆，制定本项目质量管理计划并实施的一种标杆管理法。其中，"其他项目"可以是项目团队以前完成的类似项目，也可以是其他项目团队已经完成的或正在进行的项目。

质量标杆法的承载主体是工作团队，针对的工作是特定的项目，由于项目随工作开始而形成，随工作结束而消亡，因此质量标杆法也具有"一次性"特征。质量标杆法适合于以项目形式组织生产、提供服务的企业，如建筑类企业、房地产企业，等等。

实施质量标杆法的步骤如下：

（1）充分认识、剖析新项目的实质。

（2）以其他项目的质量标准与规范、质量管理计划等有关质量管理的文件为对象，分析项目的相似性与差异性，筛选出标杆项目。

（3）瞄准标杆，制定新项目的符合实际的具操作性的质量计划文件并实施。

(4) 整理整个管理过程中的有关质量的各类过程文件与结果文件,总结其中的经验与教训,丰富标杆数据库,为下一个新项目提供信息资源。

第五节 量 表 法

人力资源管理中经常使用的量表法之来源要追溯到心理学中。在心理学界,量表法是对个体或群体的心理和社会心理现象进行观察,并将观察结果用量化的方式进行评价的一种方法,其中的量表是量化观察所得印象的一种测量工具。

量表法的评价思路和手段在人力资源管理中得到了广泛的认同。在人力资源管理中,量表法是事先将评价的内容标准化,设计好评价的量化等级,然后评价者据此对被评价者进行评价的一种绩效评价方法。由于事前就对评价结果进行了量化处理,因此评价结果较具权威性,评价者与被评价者都乐于认可。还由于量表中标准化的评价内容可针对工作结果,也可针对工作行为,或是同时针对工作结果与行为,能使评价变得多维而立体,故在管理实践中深受管理者青睐,得到广泛使用。

本节介绍九种量表法,它们基本上是量表法的全部组成。

一、图尺量表法

图尺量表法是通过将组织期望评价的要素确定为绩效评价指标,并对指标设定评价尺度,评价者根据被评价者的实际表现按评价尺度给出绩效结果的绩效评价方法。这种方法突出的特点是它有一把测量绩效的形象化的"尺子",是目前运用最普遍的绩效评价方法之一。

评价前应首先分析被评价者的工作,筛选组织所期望的评价要素(如:工作数量、工作质量等)并确定为绩效指标。然后,根据平时掌握的工作情况及组织的价值取向确定每一指标的重要性,以百分数值计量,此即形成每一指标的"最好"与"最差"绩效水平,并以"尺子"的形式表现。最后,确定"尺子"的"刻度",即评价的最小分值。评价时,将每一位被评价者对照各指标"尺子"找出符合其绩效水平的分值,最后加总各指标的分值即得到被评价者的最终绩效结果。

例 3-9 用图尺量表法评价某房地产公司工程管理部员工的绩效

第一步:选取需要评价的要素构成绩效指标。由于工程管理部的员工均具有技术专长,承担技术管理工作,且大部分时间都在项目施工现场等公司办公地之外的地方独当一面地工作。因此,对这类员工提出工作结果的绩效要求较为符合其工作特点。选定的绩效指标有工作数量、工作质量、工作效率、工作主动性、合作精神及遵守各项规章制度六个指标。

第二步:确定绩效指标的评价尺度,即"尺子"的长度,也即各指标的重要性。由于工作特点及公司的要求决定了六个指标对整体绩效的影响程度不同,"工作数量"和"工作质量"的重要性要高于其他指标,"工作效率"和"工作主动性"又要高于"合作精神"及"遵守各项规章制度"两个指标。详见表3-12。

表3-12 绩效评价表(图尺量表)

被评价人:　　　　评价人:　　　　评价日期:　　年　　月

绩效指标	满分	评价尺度	得分
工作数量	25	25　20　15　10　5　0	
工作质量	25	25　20　15　10　5　0	
工作效率	15	15　10　5　0	
工作主动性	15	15　10　5　0	
合作精神	10	10　8　5　3　0	
遵守各项规章制度	10	10　8　5　3　0	
绩效结果			

绩效等级:100—90 优秀,89—75 良好,74—60 合格,59—50 基本合格,49—0 不合格

第三步:依据每一位被评价者的实际工作状况,评价者使用每把"尺子"进行"度量"——评价,给出每一指标的评价分值,加总各分值得出最终绩效结果。见表3-13。

表 3-13 工程管理部绩效评价表

被评价人:王工　评价人:刘经理　评价日期:2010 年 1 月

绩效指标	满分	评价尺度	得分
工作数量	25	25　20　15　10　5　0	20
工作质量	25	25　20　15　10　5　0	24
工作效率	15	15　10　5　0	12
工作主动性	15	15　10　5　0	8
合作精神	10	10　8　5　3　0	8
遵守各项规章制度	10	10　8　5　3　0	9
绩效结果		良好(81)	

绩效等级:100—90 优秀,89—75 良好,74—60 合格,59—50 基本合格,49—0 不合格

图尺量表法具有以下优点:

(1) 方法简单,易学易用。

(2) 量化了绩效结果。每一位被评价者的最终绩效结果都是以数值的形式表示。

图尺量表法具有以下缺点:

(1) 绩效标准不清晰。虽有绩效指标但指标内涵不清晰,评价时评价者仅凭自己平时掌握的情况而形成的主观印象来评价被评价者的绩效,主客观上均难以做到客观、公正,因而评价结果的说服力不强。

(2) 不能有效地指导绩效反馈。因为指标内涵含糊,绩效反馈时不便依据绩效结果指出改进工作的方向及办法等。

二、等级择一法

等级择一法是图尺量表法的另一种表现形式,只是没有使用图示来表示评价尺度,而是采用等级来表示,与图尺量表法没有本质区别。等级择一法因其简单、实用的优点比图尺量表法得到了更为广泛的应用。

例 3-10　用等级择一法评价某房地产公司工程管理部员工的绩效

把上例图尺量表中的"尺子"删掉,为每一绩效指标划分"优秀"、"良好"、"合格"、"基本合格"及"不合格"五等(也可多于或少于五等),再变"满分"为"权重",即得等级择一量表。见表 3-14。

表 3-14　绩效评价表(等级择一量表)

被评价人：　　评价人：　　评价日期：　　年　月

绩效指标	权重	优秀 (5)	良好 (4)	合格 (3)	基本合格 (2)	不合格 (1)
工作数量	25%					
工作质量	25%					
工作效率	15%					
工作主动性	15%					
合作精神	10%					
遵守各项规章制度	10%					
绩效结果						

绩效等级：5.0—4.1 优秀,4.0—3.1 良好,3.0—2.1 合格,2.0—1.1 基本合格,1.0—0 不合格

评价时,评价者同样依据被评价者的实际工作状况,在量表中为每一指标选择评价等级并标记,再将所标记的等级分值(等级下部括弧中的数字)加权后合计得到评价结果。见表 3-15。

表 3-15　工程管理部绩效评价表

被评价人：王工　评价人：刘经理　评价日期：2010 年 1 月

绩效指标	权重	优秀 (5)	良好 (4)	合格 (3)	基本合格 (2)	不合格 (1)
工作数量	25%		√			
工作质量	25%	√				
工作效率	15%		√			
工作主动性	15%			√		
合作精神	10%			√		
遵守各项规章制度	10%	√				
绩效结果				优秀(4.1)		

绩效等级：5.0—4.1 优秀,4.0—3.1 良好,3.0—2.1 合格,2.0—1.1 基本合格,1.0—0 不合格

通过两个例子的对比发现,同样是评价王工的绩效,用两种评价量表评价得出的结果不一致,显然用图尺量表法评价要细腻一些,等级择一法则粗略不少,说明等级择一法对绩效的区分度较图尺量表法差一些。

三、综合量表法

综合量表法也是将组织期望评价的要素确定为绩效评价指标,通过明确绩效指标的内涵,评价者根据被评价者的实际表现确定分值从而得出绩效评价结果的绩效评价方法。它能清晰地表述对工作结果的绩效要求,同时也能表述对工作行为的要求,因而既能有效地引导被评价者的工作行为,又能对其工作结果进行直接的控制,综合性十分突出。

例 3-11 用综合量表法评价某房地产公司工程管理部员工的绩效

第一步:与图尺量表法相同,通过分析工程管理部员工的工作,选取需要评价的要素构成绩效指标。这里选定的绩效指标仍是工作数量、工作质量、工作效率、工作主动性、合作精神及遵守各项规章制度六个指标。分别划分各指标等级、分配分值(暗含权重)及诠释含义,将每一指标制作成一张评价量表,所有量表构成整体共同完成绩效评价。表 3-16 和表 3-17 是六张量表中的两张。

表 3-16 "工作数量"指标评价量表

绩效指标	等级	含义	分值
工作数量	一	经常处于忙碌状态,工作量很大	25
	二	工作连续,无空闲时间	20
	三	大部分时间在工作,偶尔处于休息状态	15
	四	工作与休息状态交替	10
	五	休息状态多于工作状态	5

……

表 3-17 "工作主动性"指标评价量表

绩效指标	等级	含义	分值
工作主动性	一	总能主动地寻找工作并想办法完成	15
	二	乐于接受下达的工作并按要求完成	12
	三	接受并能基本完成下达的工作	8
	四	虽能接受下达的工作,但常不能按要求完成	5
	五	基本不接受工作	0

……

第二步:对照量表评价被评价者。各绩效指标的评价结果见下表。表 3-18 和表 3-19 是六张评价结果中的两张。

表 3-18 "工作数量"指标评价结果

姓名	张工	评价结果	二等(20)
绩效指标	等级	含义	分值
工作数量	一	经常处于忙碌状态,工作量很大	25
	二	工作连续,无空闲时间	20
	三	大部分时间在工作,偶尔处于休息状态	15
	四	工作与休息状态交替	10
	五	休息状态多于工作状态	5

……

表 3-19 "工作主动性"指标评价结果

姓名	张工	评价结果	三等(8)
绩效指标	等级	含义	分值
工作主动性	一	总能主动地寻找工作并想办法完成	15
	二	乐于接受下达的工作并按要求完成	12
	三	接受并能基本完成下达的工作	8
	四	虽能接受下达的工作,但常不能按要求完成	5
	五	基本不接受工作	0

……

第三步:将每一指标的评价分值加总得出最终绩效结果。见表3-20。

表 3-20 最终绩效结果

姓名	张工	绩效结果	79
序号	绩效指标	等级	得分
1	工作数量	二	20
2	工作质量	二	20
3	工作效率	一	15
4	工作主动性	三	8
5	合作精神	三	6
6	遵守规章制度	一	10

由本例看出,用综合量表法评价绩效时不仅绩效结果是量化的,而且评价依据要清晰得多,绩效反馈时讨论工作改进就能做到有的放矢。

本例中特意选取了"工作数量"和"工作主动性"两个指标进行讲授,由于它们分别源于工作结果与工作行为,故最后的绩效结果是被评价者绩效的综合反映。

需要指出的是,综合量表法的量表设计耗时较长、成本较高,设计者需要有较强的专业能力方能设计出切合实际的量表,也正是因为这个原因,影响了综合量表法在实践中的使用。

四、行为锚定法

行为锚定法是提取各种典型的工作行为,通过分析这些行为对绩效的影响程度后对其进行等级界定,赋予分值,制成量表,评价时将被评价者工作中的实际行为与量表中的行为进行比对,得出评价结果的一种绩效评价方法。

行为锚定法在20世纪60年代由美国学者史密斯(Smith)和肯德尔(Kendall)提出,是典型的行为导向量表法,其目的是使工作行为朝着组织希望的方向发展。行为锚定法适用于工作流程比较稳定、清晰的岗位。

设计行为锚定量表的步骤如下:

(1) 分析岗位工作与关键事件,明确组织希望被评价者具有的工作行为。

(2) 提取、归类典型工作行为以构成若干绩效指标。

(3) 为每一绩效指标划分绩效等级。绩效等级可分为5—9级甚至更多,常见的绩效等级为5—7级,多分等级虽可方便评价操作,但会导致编制时间过长、成本过高的后果。

(4) 按绩效水平由高到低排序典型行为,配置于每一绩效等级中,也即"行为锚"。每一指标形成一张评价量表,所有指标共同完成绩效评价工作。

行为锚定法具有以下优点:

(1) 行为界定清晰,标准明确。量表中的工作行为都是根据平时观察积累获得的,与实际工作行为基本吻合。

(2) 各绩效指标间有着较强的独立性,能有效地避免评价中的晕轮效应。

(3) 能准确地为被评价者提供绩效反馈依据。

行为锚定法具有以下缺点:

(1) 设计难且成本高。需要量表设计人员有很强的专业技术能力,且行为描述耗人耗时多,多次使用才能显出量表优势。

(2) 量表中的行为虽然典型,描述也精炼,但评价者使用并不容易。被评价者的实际工作行为与量表中的典型行为常存在偏差,评价者不容易掌握好评价尺度。

例3-12 用行为锚定法对某学校宿舍管理员李强进行绩效评价

学校宿舍管理员是一个工作内容清晰、简单的岗位,岗位设置的目的是为学生提供服务。在学校中,这是一个常设岗位,有其应有的工作规范。因此可以使用行为锚定法评价绩效。

宿舍管理员岗位在学校中的上级管理岗位通常没有能力编制行为锚定量表,行为锚定量表可以由学校人力资源管理部门会同有关部门共同编制,也可以由外部管理咨询机构完成。表3-21是评价学校宿舍管理员的行为锚定量表。

表3-21 学生宿舍管理部绩效评价表(行为锚定量表)

评价指标		关心学生
评价指标定义		积极认识住宿学生,发现他们的需求,并真诚地做出反应
评价等级	最好	当学生面有难色时上前询问是否有问题需要一起商量
	较好	为住宿学生提供一些关于所修课程的学习方法建议
	一般	发现住宿学生时上前打招呼
	较差	友好地对待住宿学生,与他们讨论困难,但随后不能跟踪解决困难
	最差	批评住宿学生不能解决自己遇到的困难

资料来源:方振邦、罗海元,战略性绩效管理[M].北京:中国人民大学出版社,2010.

李强是该校一名宿舍管理员,张主任负责评价其绩效。评价前张主任手上已有上述行为锚定评价量表,并且李强的平时工作行为也已有记录,记录如下:

(1)常常见到李强主动、热情地与学生打招呼;

(2)遇到学生提问李强每次都能有问必答;

(3)李强有点爱抱怨学生不会处理自己的生活小事;

(4)李强的忘性大,经常忘记了学生托付的事情。

评价时张主任根据上述信息对照量表评价李强的绩效等级为"一般"。见表3-22。

表3-22 学生宿舍管理部绩效评价表

被评价者	李强	工作部门	学生宿舍管理部
评价者	张主任	评价日期	2010年1月
评价指标		关心学生	
评价指标定义		积极认识住宿学生,发现他们的需求,并真诚地做出反应	
评价等级	最好	当学生面有难色时上前询问是否有问题需要一起商量	
	较好	为住宿学生提供一些关于所修课程的学习方法建议	
	一般	发现住宿学生时上前打招呼	
	较差	友好地对待住宿学生,与他们讨论困难,但随后不能跟踪解决困难	
	最差	批评住宿学生不能解决自己遇到的困难	
评价结果		一般	

资料来源:同表3-21。

由本例可知,尽管量表中的行为来自于对岗位工作与关键事件的分析与提取,但由于学生需求的多样性,每一名工作者不可能机械地用量表中对应的工作行为去满足学生的需求,故而根据其平时工作行为进行评价存在困难。根据量表李强的绩效处在"一般"与"较差"等级间,其最终的绩效等级取决于张主任的主观意愿。

显然行为锚定法在绩效反馈时对照量表,评价结果能表明被评价者绩效好坏的缘由,并且,通过几个绩效周期的有导向性的工作改进,被评价者的工作行为会逐步趋近量表所鼓励的行为。

五、行为观察法

行为观察法是美国人力资源专家莱瑟姆(Latham)和韦克斯利(Wexley)对行为锚定法进行完善、发展后提出的一种量表法,它适用于对基层员工工作技能和工作表现的评价。

行为观察法是通过设定一系列与工作绩效有关的有效行为,并划分出行为出现的频率尺度,评价者对照尺度衡量被评价者工作中出现各种行为的频率,从而达到评价其工作绩效的目的一种绩效评价方法。

设计行为观察量表的步骤如下:

(1)对被评价者所做的工作进行分析,寻找那些符合工作优良绩效要求的一系列行为。

(2)将内容相似的行为归为一类,构成一个评价指标。为每一评价行为设定频率值,并设定评价指标的评价等级,至此形成该指标的评价量表。每一评价指标均有一张独立的评价量表。

(3)检验行为观察量表。对于检验所涉及的理论、工具等,由于其不属于绩效的理论范畴,故不在此处表述。

行为观察法具有以下优点:

(1)易于突出行为导向。设计行为观察量表时所选取的工作行为是有明显导向意图的,评价者对照量表评价被评价者的工作行为的过程强化了对被评价者的工作行为要求,因而量表能方便地表达组织的行为导向。

(2)使用较方便。由于量表中的工作行为表述清晰,更重要的是,评价的是被评价者行为符合量表中所要求行为的频率,因而评价者能很容易地得出评价结果。

(3)绩效反馈功能强。通过评价被评价者行为与量表行为的吻合程度,能产生清晰的绩效反馈信息,尤其是在评价者与被评价者一起评价时。

行为观察法具有以下缺点:

(1) 量表设计不容易,成本高。设计行为观察量表是一项耗时较长的工作,同时还需要设计人员具备专门的方法和技巧,如果组织内部不具有这样的管理人员,则需请外部专业人士介入,其设计成本较高。此外,因为对应每一评价指标,都需要设计一张与之相匹配的量表,评价一个岗位常有多个指标,也就是说要设计多张量表,而岗位不同评价指标往往也不同,所以花费大量人力物力设计的量表不具有普适性,每一张行为观察量表只能为某一岗位所专有。

(2) 评价取中值倾向突出。由于行为观察量表使用行为出现的频率值作为评价结果,若评价者没有掌握确切的信息支撑其评价,或评价者具有中庸情结,则评价结果往往处在频率值的中段。

(3) 过多增加评价者的工作量。在组织日益趋向扁平化的今天,让评价者来观察被评价者的工作行为需要耗费太多的时间和精力,甚至因工作量过大而无法完成。但如果没有平时的观察,评价者不可能评价被评价者的绩效,除非评价者不负责任、敷衍了事。

例 3-13　用行为观察法对某学校宿舍管理员李强进行绩效评价

例 3-12 是用行为锚定法对李强进行绩效评价,本例是在所有情况不变的前提下用行为观察法对李强进行绩效评价。

表 3-23 是评价学校宿舍管理员的行为观察量表。

表 3-23　学生宿舍管理部绩效评价表(行为观察量表)

评价指标	关心学生
评价指标定义	积极认识住宿学生,发现他们的需求,并真诚地做出反应。
评价行为	1. 当学生面有难色时上前询问是否有问题需要一起商量 (几乎没有)1　　2　　3　　4　　5(几乎总是)　　得分:
	2. 为住宿学生提供一些关于所修课程的学习方法建议 (几乎没有)1　　2　　3　　4　　5(几乎总是)　　得分:
	3. 发现住宿学生时上前打招呼 (几乎没有)1　　2　　3　　4　　5(几乎总是)　　得分:
	4. 友好地对待住宿学生,与他们讨论困难,但随后不能跟踪解决困难 (几乎没有)5　　4　　3　　2　　1(几乎总是)　　得分:
	5. 批评住宿学生不能解决自己遇到的困难 (几乎没有)5　　4　　3　　2　　1(几乎总是)　　得分:
得分合计	
评价等级:0—13"最差"、14—16"较差"、17—19"一般"、20—22"较好"、23—25"最好"	

如前所述,李强的工作行为记录如下:
(1)常常见到李强主动、热情地与学生打招呼;
(2)遇到学生提问李强每次都能有问必答;
(3)李强有点爱抱怨学生不会处理自己的生活小事;
(4)李强的忘性大,经常忘记了学生托付的事情。
张主任据此做出评价,见表3-24。

表3-24 学生宿舍管理部绩效评价表

被评价者	李强	评价者	张主任	评价日期	2010年1月
评价指标	关心学生					
评价指标定义	积极认识住宿学生,发现他们的需求,并真诚地做出反应。				
评价行为	1. 当学生面有难色时上前询问是否有问题需要一起商量 (几乎没有)1　2　3　4　5(几乎总是)　　得分:5				
	2. 为住宿学生提供一些关于所修课程的学习方法建议 (几乎没有)1　2　3　4　5(几乎总是)　　得分:1				
	3. 发现住宿学生时上前打招呼 (几乎没有)1　2　3　4　5(几乎总是)　　得分:5				
	4. 友好地对待住宿学生,与他们讨论困难,但随后不能跟踪解决困难 (几乎没有)5　4　3　2　1(几乎总是)　　得分:3				
	5. 批评住宿学生不能解决自己遇到的困难 (几乎没有)5　4　3　2　1(几乎总是)　　得分:4				
得分合计	18				
评价等级:0—13"最差"、14—16"较差"、17—19"一般"、20—22"较好"、23—25"最好"					

通过两个例子的对比发现,用行为观察量表评价绩效对评价者而言更为容易,因其在进行绩效反馈时,不仅仅是行为本身连行为的发生程度都能一并反馈,十分明确地指引着工作改进的方向。

本例对李强绩效的评价结果为18分,处于整个分值"17—19"之间,评价等级为"一般"。显然用行为观察量表评价不存在上例中评价等级处于"一般"与"较差"之间的情形,自然也就不需要掺入张主任的主观意愿,因此评价结果更加清晰,更有说服力。

六、混合量表法

混合量表法是通过工作分析以及对合乎组织期望的工作行为进行描述形成量表,评价者根据被评价者的实际表现并对照量表,给出"高于"、"等于"或"低于"量表中行为的评价,这是综合所有评价得出被评价者绩效结果的一种绩效评价方法。

混合量表是20世纪70年代由劳动心理学研究获得的一种行为量表,它不同于行为锚定法对工作行为的精确度量,也不同于行为观察法对行为出现频率的较为细致的判断,只是对照量表得出被评价者的(行为)绩效是"高于"、"等于"还是"低于"量表行为的结论。

设计混合量表的步骤如下:
(1) 分析工作,确定绩效指标,提取影响绩效的关键行为;
(2) 选定每一绩效指标的好行为、中行为和差行为三个等级以构成量表;
(3) 将量表中全部行为随机排列,并隐去行为等级,制成绩效评价表;
(4) 编制等级赋分表,把量表中的评价结果转换成分数完成评价。

混合量表法具有以下优点:
(1) 使用方便,操作容易。运用混合量表法进行评价的过程只不过是行为对照的过程,由于有量表中的行为作"模板",评价者很容易通过比对得出结论。
(2) 有效降低"晕轮"、"宽大"和"严格"等评价误差。这是因为评价者事前不知道赋分表的具体内容。
(3) 反馈功能强。由于量表是公开的,且在做出"高于"、"等于"或"低于"的评价的过程中已经明确了行为取向,故反馈变得清晰而容易。

混合量表法具有以下缺点:
(1) 设计量表有难度,成本高。
(2) 常出现评价结果的等级逻辑混乱的现象。尽管量表中的行为是通过分析提取等较为严格的工作过程得来的,但由于工作行为的复杂性及工作者个体的差异性,使得在评价某一被评价者时,对同一个指标的评价很可能出现"高于"其"中行为"而"低于"其"差行为"等一系列不符合逻辑的现象。

例 3-14　用混合量表法对某学校宿舍管理员李强进行绩效评价

本例仍旧是在所有情况不变的前提下改用混合量表法对李强进行绩效评价。

表 3-25、表 3-26 是评价学校宿舍管理员的混合量表。

表 3-25　学生宿舍管理部绩效评价表(混合量表)

评价指标			评价等级
关心学生	宿舍卫生	宿舍安全	高于(记"+");等于(记"0");低于(记"-")
评价指标			工作行为
关心学生			当学生面有难色时上前询问是否有问题需要一起商量(好)
			发现住宿学生时上前打招呼(中)
			批评住宿学生不能解决自己遇到的困难(差)
宿舍卫生			发现卫生死角及时清理(好)
			按规定定时清理(中)
			发现学生存在的卫生问题要求学生自己清理(差)

(续表)

评价指标			评价等级
关心学生	宿舍卫生	宿舍安全	高于(记"+");等于(记"0");低于(记"-")
评价指标			工作行为
宿舍安全			经常巡视宿舍水电使用及防盗情况(好)
			有学生反映水电设施问题时及时通知水电工修理(中)
			不清楚水电设施布局及防盗要求(差)

表 3-26 等级赋分表

行为	评价等级赋分		
好行为	+	0	-
	4	3	2
中行为	+	0	-
	2	1	0
差行为	+	0	-
	1	0	-1

赋分表是混合量表的组成部分,它表达了组织对工作行为的看法,即对什么是好行为、什么是一般行为、什么是差行为有了明确的行为标定,并且通过赋分的正负与多少进一步说明了行为的差异程度。

上列两表由人力资源管理部门掌握,送达到评价者手中的量表是表3-27。

表 3-27 学生宿舍管理部绩效评价表

被评价者		评价等级
评价者		高于(记"+");等于(记"0");低于(记"-")
评价日期		
工作行为		评价
发现卫生死角及时清理		
清楚水电设施布局及防盗要求		
发现住宿学生时上前打招呼		
按规定定时清理		
经常巡视宿舍水电使用及防盗情况		
当学生面有难色时上前询问是否有问题需要一起商量		
发现学生存在的卫生问题要求学生自己清理		
有学生反映水电设施问题时及时通知水电工修理		
批评住宿学生不能解决自己遇到的困难		
评价结果(得分)		

评价时,张主任依据李强的平时工作行为对照量表做出评价,见表 3-28。

表 3-28 学生宿舍管理部绩效评价表

被评价者	李强	评价等级
评价者	张主任	高于(记"+");等于(记"0");低于(记"-")
评价日期	2010 年 1 月	
工作行为		评价
发现卫生死角及时清理		-
不清楚水电设施布局及防盗要求		-
发现住宿学生时上前打招呼		+
按规定定时清理		+
经常巡视宿舍水电使用及防盗情况		-
当学生面有难色时上前询问是否有问题需要一起商量		0
发现学生存在的卫生问题要求学生自己清理		0
有学生反映水电设施问题时及时通知水电工修理		0
批评住宿学生不能解决自己遇到的困难		0
评价结果(得分)		11

由本例发现,张主任在评价李强"宿舍卫生"指标时,出现了"发现卫生死角及时清理(好)"为"-","按规定定时清理(中)"为"+","发现学生存在的卫生问题要求学生自己清理(差)"为"0"的评价等级逻辑混乱的情况。

七、强迫选择法

强迫选择量表是第二次世界大战以后由美国国防部开发研制的用于评价个人绩效的量表,开发的目的是期望通过引导工作者的行为,以带来或保持有效的工作行为,从而获得或保持优良的绩效。

强迫选择法是根据岗位职责、组织目标及组织文化的要求,从工作中提取具有代表性的合乎期望的行为,将每四个行为编为一组,由多组行为构成选择量表的一种绩效评价方法。通常情况下,强迫选择量表由 10—20 组行为构成。

评价时,评价者必须从量表的每组四个行为中选出一个与被评价者的工作行为最接近的行为和一个最不相符的行为,选完各组并综合各组选择后得出绩效结果。由于在实施强迫选择法评价绩效的过程中,评价者不知道量表中各个行为的赋分情况,也就不知道什么样的选项能使被评价者得高分或低分,因此客观上约束了评价者的主观意愿。

强迫选择法具有以下优点:

（1）有效地降低趋中化、严格化与宽大化等评价误差。

（2）评价活动能让被评价者清楚地感知到组织的工作行为取向，并可以据此调整自己的工作行为。

强迫选择法具有以下缺点：

（1）评价者会试图猜想人力资源管理者提供的量表行为选项的倾向性，并根据自己的理解而不是客观事实对被评价者进行评价。

（2）设计量表不容易，需要花费大量的人力和时间，且由于难以把握每一项行为的积极或消极成分，因而所得到的评价结果往往不尽如人意。

例 3-15　用强迫选择法评价某高校教师的教学工作绩效

通过对教师的教学工作分析发现，教师的教学具有相当的独立性，尤其是课堂教学，教学数量的多寡、教学质量的好坏，以及教师个人的主观意愿起很大作用。由于监督教学的成本过大且有相当的不准确性，因而教师工作的努力程度成为其劳动效率的关键因素，规范其教学过程中的工作行为成为提高与保持其绩效的重要手段。

表 3-29、表 3-30 是经过一系列复杂劳动形成的该校评价教师教学绩效的强迫选择量表（部分）。

表 3-29　某高校教师教学绩效评价量表

教师绩效评价量表
被评价者_____　　所在院、系_____　　评价时间_____
评价说明：请在下列每组四个行为中必须选出一项最接近被评价者行为和一项与被评价者行为最不吻合的行为，并请在最接近的行为前打"√"，在最不吻合的行为前打"×"。
□1. 在专业杂志上发表学术论文 □2. 善于处理与教职工的关系 □3. 工作出现问题时不主动与他人沟通寻求解决之道 □4. 对教学之外的工作总是持推诿、拒绝的态度
□1. 喜欢与学生交流并解答他们的疑问 □2. 乐于研讨或改进教学方法 □3. 不重视实验实训课教学 □4. 不愿花费时间与老师进行课程交流或辅导年轻教师

(续表)

□1. 把主要精力用于备课和与教学有关工作上 □2. 受到大多数学生喜爱 □3. 不积极参加教研活动或学部会议 □4. 不批改学生作业或批改作业马虎
□1. 乐于承担学部或系下达的临时性任务 □2. 积极申报或参与重点课程项目建设 □3. 总是消极接受学部（系）领导布置的工作 □4. 人际关系较为紧张
□1. 积极申报或参与学院内外科研项目 □2. 主动指导学生第二课堂活动 □3. 喜欢夸大教学效果（成果） □4. 工作作风拖沓
□1. 积极参与学院讲课竞赛 □2. 主动关心学生心理状况和生活问题 □3. 不愿意承担本人未上过的课程教学任务 □4. 课堂教学不生动，与学生互动少
……

评价者（教师领导）在评价某教师绩效前已具有上列量表。评价时对照教师平时工作表现，按照"评价说明"的要求进行评价，之后学校人事部门收集所有量表，按下列赋分表进行统计，并按事前有关规定最终得出某位教师的绩效结果。

表 3-30 赋 分 表

	选择	赋分
良好行为	√	4
	×	-2
不良行为	√	-1
	×	2

注：本表不公开，由人力资源管理部门掌握。

评价该校教师陈荣绩效的量表中的一张如表 3-31 所示。

表 3-31　某高校教师教学绩效评价量表

教师绩效评价表
被评价者　陈荣　　所在院、系　经济系　　评价时间　2011 年 1 月
评价说明：请在下列每组四个行为中必须选出一项最接近被评价者行为和一项与被评价者行为最不吻合的行为，并请在最接近的行为前打"√"，在最不吻合的行为前打"×"。
√1. 在专业杂志上发表学术论文 ×2. 善于处理与其他教师的关系 □3. 工作出现问题时不主动与他人沟通寻求解决之道 □4. 对教学之外的工作总是持推诿、拒绝的态度
√1. 喜欢与学生交流并解答他们的疑问 □2. 乐于研讨或改进教学方法 ×3. 不重视实验实训课教学 □4. 不愿花费时间与老师进行课程交流或辅导年轻教师
□1. 把主要精力用于备课和与教学有关工作上 √2. 受到大多数学生喜爱 □3. 不积极参加教研活动或院系会议 ×4. 不批改学生作业或批改作业马虎
×1. 乐于承担院系下达的临时性任务 □2. 积极申报或参与重点课程项目建设 □3. 总是消极接受院系领导布置的工作 √4. 人际关系较为紧张
□1. 积极申报或参与学院内外科研项目 □2. 主动指导学生第二课堂活动 √3. 喜欢夸大教学效果(成果) ×4. 工作作风拖沓
□1. 积极参与学院讲课竞赛 □2. 主动关心学生心理状况和生活问题 √3. 不愿意承担本人未上过的课程教学任务 ×4. 课堂教学不生动，与学生互动少
……

上表评价得分如表3-32所示。

表3-32 赋分表

	选择次数	得分
良好行为	"√"3次	12
	"×"2次	-4
不良行为	"√"3次	-3
	"×"4次	8
合计		13

陈荣老师的最终绩效结果需经学校人事部处理完所有评价量表后得出。

本例发现，赋分表是决定绩效结果的关键，它是组织价值观的集中体现，什么是组织鼓励的行为，什么是组织反对的行为，通过调整赋分表中的赋分值能得到充分体现。理论上，赋分表中各类行为所赋分值可以一致也可以不一致，极端的情况是对每一项行为的不同选择都可以有不同的赋分，那样的话赋分表会很烦琐，进行评价结果统计时需要编制专门的计算机程序，当然好处是能十分细致地区分工作行为的褒贬。实践中不建议把赋分表搞得很复杂，可以进行适当地分类来区分工作行为的褒贬。

八、行为对照法

行为对照法是由美国圣保罗人事局的J.B.普洛夫斯特在1920年创立的一种绩效评价方法。它首先从岗位职责中筛选、提取工作行为，然后结合组织要求和工作者的工作状态描述需评价的行为构成量表，评价者根据量表描述的行为判断被评价者的行为，得出"符合"或"不符合"的结论，综合后得出最终绩效评价结果。

行为对照法具有以下优点：

（1）对照量表评价简单，只需将量表中的行为与被评价者的事实行为进行一一比对，即可方便地得出评判结论。

（2）量表行为明确，界定清晰，有效地避免了评价者的主观偏见和晕轮效应等评价者误差。

（3）评价行为与工作内容高度相关，对被评价者的行为引导作用强。

行为对照法具有以下缺点：

设计量表难度大，耗时长，成本高，且需要量表设计者具有专门的理论与技能。

例3-16 用行为对照法评价某高校教师的教学工作绩效

与例3-15所有情况相同，本例只是换用行为对照法评价陈荣老师的教学绩效。经过设计形成了行为对照量表（部分），如表3-33所示。

表 3-33 教师绩效评价表（行为对照量表）

被评价者：　　　　所在院系：　　　　评价时间：　　年　　月

行为	评价	赋分
1. 在专业杂志上发表学术论文		2、-2
2. 善于处理与其他教师的关系		2、-2
3. 工作出现问题时不主动与他人沟通寻求解决之道		-3、3
4. 对教学之外的工作总是持推诿、拒绝的态度		-1、1
5. 喜欢与学生交流解答他们的疑问		3、-3
6. 乐于研讨或改进教学方法		3、-3
7. 不重视实验实训课教学		-2、2
8. 不愿花费时间与老师进行课程交流或辅导年轻教师		-2、2
9. 把主要精力用于备课和与教学有关工作上		2、-2
10. 受到大多数学生喜爱		2、-2
11. 不积极参加教研活动或院系会议		-1、1
12. 不批改学生作业或批改作业马虎		-3、3
13. 乐于承担院系下达的临时性任务		1、-1
14. 积极申报或参与重点课程项目建设		3、-3
15. 总是消极接受院系领导布置的工作		-1、1
16. 人际关系较为紧张		-1、1
17. 积极申报或参与学院内外科研项目		2、-2
18. 主动指导学生第二课堂活动		1、-1
19. 喜欢夸大教学效果（成果）		-2、2
20. 工作作风拖沓		-3、3
21. 积极参与学院讲课竞赛		2、-2
22. 主动关心学生心理状况和生活问题		1、-1
23. 不愿意承担本人未上过的课程教学任务		-3、3
24. 课堂教学不生动，与学生互动少		-2、2
……		
得分合计		

评价说明：请对照上列每项行为评价教师的行为，当被评价教师行为与之符合则以"√"记，不符合则以"×"记。

"赋分"一栏是量表中的关键，它能充分体现组织的行为（价值）取向，也即什么是组织很赞赏的行为，什么是组织能容忍的行为，什么行为组织不喜欢，什么行为组织十分厌恶，等等，这些都能够通过赋正分、负分、零分等加以表示。"赋分"栏每行有前后两个数字，前者为"符合"行为的分值，后者为"不符合"行为的分值。

上列量表由人事部掌握，发送到评价者手中的量表不包含表中"赋分"一栏的内容，见表 3-34。

表 3-34　教师绩效评价表（行为对照量表）

被评价者：　　　所在院系：　　　评价时间：　　年　　月

行为	评价
1. 在专业杂志上发表学术论文	
2. 善于处理与其他教师的关系	
3. 工作出现问题时不主动与他人沟通寻求解决之道	
4. 对教学之外的工作总是持推诿、拒绝的态度	
5. 喜欢与学生交流解答他们的疑问	
6. 乐于研讨或改进教学方法	
7. 不重视实验实训课教学	
8. 不愿花费时间与老师进行课程交流或辅导年轻教师	
9. 把主要精力用于备课和与教学有关工作上	
10. 受到大多数学生喜爱	
11. 不积极参加教研活动或院系会议	
12. 不批改学生作业或批改作业马虎	
13. 乐于承担院系下达的临时性任务	
14. 积极申报或参与重点课程项目建设	
15. 总是消极接受院系领导布置的工作	
16. 人际关系较为紧张	
17. 积极申报或参与学院内外科研项目	
18. 主动指导学生第二课堂活动	
19. 喜欢夸大教学效果（成果）	
20. 工作作风拖沓	
21. 积极参与学院讲课竞赛	
22. 主动关心学生心理状况和生活问题	
23. 不愿意承担本人未上过的课程教学任务	
24. 课堂教学不生动，与学生互动少	
……	
得分合计	

评价说明：请对照上列每项行为评价教师的行为，当被评价教师行为与之符合则以"√"记，不符合则以"×"记。

评价时，评价者将陈荣老师的平时表现与对照量表中的行为进行对比，一一作出符合打"√"与不符合打"×"的判断。如表 3-35 所示。

表 3-35　教师绩效评价表（行为对照量表）

被评价者：陈荣　　所在院系：经济系　　评价时间：2011 年 1 月

行为	评价
1. 在专业杂志上发表学术论文	√
2. 善于处理与其他教师的关系	×
3. 工作出现问题时不主动与他人沟通寻求解决之道	√
4. 对教学之外的工作总是持推诿、拒绝的态度	√
5. 喜欢与学生交流解答他们的疑问	√
6. 乐于研讨或改进教学方法	√
7. 不重视实验实训课教学	×
8. 不愿花费时间与老师进行课程交流或辅导年轻教师	√
9. 把主要精力用于备课和与教学有关工作上	√
10. 受到大多数学生喜爱	√
11. 不积极参加教研活动或院系会议	√
12. 不批改学生作业或批改作业马虎	×
13. 乐于承担院系下达的临时性任务	×
14. 积极申报或参与重点课程项目建设	√
15. 总是消极接受院系领导布置的工作	√
16. 人际关系较为紧张	√
17. 积极申报或参与学院内外科研项目	√
18. 主动指导学生第二课堂活动	×
19. 喜欢夸大教学效果（成果）	√
20. 工作作风拖沓	×
21. 积极参与学院讲课竞赛	×
22. 主动关心学生心理状况和生活问题	×
23. 不愿意承担本人未上过的课程教学任务	√
24. 课堂教学不生动，与学生互动少	×
……	
得分合计	6

评价说明：请对照上列每项行为评价教师的行为，当被评价教师行为与之符合则以"√"记，不符合则以"×"记。

将例 3-15 强迫选择量表的六组行为转化为本例行为对照量表中的 24 项行为发现，其中少部分行为有重复现象，会造成不必要的重复评价，因此行为对照量表要求其中的行为要具独立性，须简明扼要。此外，例 3-15 强迫选择量表虽有六组（24 项）行为，但评价仅涉及其中部分（12 项）行为，而本例行为对照量表需评价 24 项行为的全部，因此经行为对照量表评价的结果能更为全面地反映教师的行为。

九、目标管理法

目标管理法源于美国人彼得·德鲁克（Peter Drucker）在《管理的实践》中提出的"目标管理与自我控制"的观点，他认为，并不是有了工作才有目标，而是有了目标才能确定每个人的工作。

目标管理法是将事前制定工作目标作为被评价者工作结果的评价尺度，通过被评价者工作过程的自我管理来实现绩效的一种量表法，是典型的结果导向型绩效评价方法。目前，目标管理法在美国、欧洲及日本等世界许多国家得到广泛运用，也是我国运用最多的绩效评价方法之一。

（一）目标管理法的特点

目标管理法之所以得到广泛运用，是因为它独有的特点契合了这个时代发展的需要，这些特点概括起来为：

1. 尊重被管理者

目标管理法重视被管理者的参与和自我控制，从目标的制定开始，被管理者能够全过程地参与整个绩效管理过程，从而构建管理者与被管理者间平等、尊重、依赖、支持的关系，促使被管理者在承诺目标和被授权后能自觉、自主地工作。目标管理法是一项把个人需求与组织目标结合起来的管理制度。

2. 重视目标体系化

目标管理法总是力图使组织目标形成一个有纵横层次的体系，即纵向从组织战略目标到被管理者个人目标层层分解，横向使各层组织、各层级被管理者的目标互相关联，互相协调且互相支持，纵横交错形成目标网络。目标网络的形成能有效地避免组织成员出于自利考虑而采取的对本子组织有利而对整个组织不利的行为，强调组织整体绩效最大化。

3. 重视工作结果

目标管理法以制定目标为起点，以比对目标评价工作结果为终结。因此，工作结果成为评价工作绩效的唯一要素，而工作过程、工作方法不是它所关心的对象。

（二）目标管理法的实施

运用目标管理法管理绩效需要完成以下几项工作：

1. 选择绩效评价指标

本书第二章讲述了多种绩效评价指标，理论上目标管理法没有指标的选用限制，其实，实践中选用什么指标，以及选用多少个指标是有限定因素的。因所选用的绩效评价指标共同构成工作目标，故选用指标的过程就是设置目标的过程。

目标管理需要遵循SMART原则，即以下五要素：

S——specific（明确）

M——measurable（可衡量、可评价）

A——agreed upon（协商、达成一致）

R——realistic（可实现）

T——time bound（具有时限）

而设定目标需要满足两项要求，即目标必须是明确的和可以评价的。由于目标存在于现实工作中，是本绩效周期的工作重点，因此它应该明确清晰，并且完成的好坏可被衡量。

组织中的目标通常是多种多样的，有战略性目标，有经营性目标，有管理性目标，还有混合性目标；有组织的总体目标，有对总体目标分解后的分层、分岗目标。不论哪种目标，对目标承担者而言都是其本绩效周期的重点工作。这里要特别指出的是，分解目标需要专门的技巧。分解目标的过程就是将组织的整体目标逐级分解，转换为各个子系统、各个岗位的分目标的过程。在分解目标的过程中被分解的工作的责任与权利须一并明确且相互匹配，各分目标的方向要一致，整体形成环环相扣、协调统一的目标体系（目标网络）。

目标中绩效评价指标多少为宜没有定论，一般认为不宜过多，指标的多少与目标承担者所处的层级有关。层级高者由于其工作幅度大，因此其目标中的绩效指标相应地要多一些，随着层级的下移，目标中的绩效指标应逐步减少。

2. 界定评价标准

如果说选择绩效评价指标即设定目标是目标管理法的首要工作，那么界定目标的评价标准就是关乎其成败的核心工作。目标管理法能否在组织的管理中获得良好效果，绩效评价标准是关键。

美国管理心理学家维克多·弗鲁曼（Victor Vroom）认为，人们在工作中的积极性或努力程度由效价和期望的乘积决定。效价指人们对某项工作及其结果能够给自己带来的满足程度的评价，即对工作目标有用性（价值）的评价；期望指人们对自己能够顺利完成这项工作的可能性的估计，即对工作目标能够实现的概率的估计。因此，如果要使目标对承担者产生激励作用，则该目标必须是其可接受和可实现的，如果目标超过其能力所及，则该目标对其没有激励作用。

界定评价标准的实质是使设定的目标恰好达到承担者通过努力能实现的水平。这里包含了两层含义：一是承担者可接受的努力程度，也即其愿意付出的努力；二是承担者能够付出的努力,这取决于承担者的工作能力。评价标准可以是量化标准也可以是非量化标准,量化标准评价时比较简单,易于进行过程控制,但往往因其缺乏弹性而损失组织运行中的一些效率,因此非量化标准也常被使用以弥补量化标准的不足。对于难以量化绩效的工作,只能用非量化标准进行评价。

必须指出的是,不是量化的评价标准就一定客观,非量化的评价标准就一定不客观。管理实践中人们追求评价绩效的客观性,这没有错;但认为量化的标准一定是客观的,这可能存在偏差。表面看,量化标准由数字表示,数字是绝对的,绝对的似乎就是客观的,殊不知,取得"数字"的内外部条件因时而不同,同样的数字所反映的努力程度也是不同的,此时的"客观"数字并不一定是客观的真实反映。再者,量化有多种方式,诸如当量量化、类别量化、模糊量化等等都是形式量化,其中掺入了许多主观因素。人类社会的"客观"不等同于自然界的"客观",自然界的"客观"即为存在,不以人的意志为转移;人类社会的"客观"由"大多数"人的共识形成,不以少数人的意志为转移。因此,非量化的评价标准如果来源于组织中大多数人的共识,就能客观地反映绩效结果。

3. 明确绩效周期

目标管理法强调时间性,目标是对阶段性工作提出的要求,因此每一个目标都是一个阶段的产物,不同的阶段一定有不同的目标。绩效周期始于本目标设定,止于下一个目标设定。

绩效周期的长短取决于以下两个因素:

(1) 岗位性质。由于岗位不同,工作内容不同,因此绩效周期理应不同。通常岗位层级低,工作内容简单,绩效周期可短一些,反之绩效周期可设置得长一些。

(2) 目标特征。任何目标的实现都是目标承担者所付出的努力在时间上的积累,不同的是各目标的实现对时长的要求不同,因此设置绩效周期时应充分考虑目标承担者有足够达成目标的时间。

4. 明确目标承担者及责权

目标管理法可用于工作团队也可用于工作者个人,如果用于工作团队,除了要明确整个团队为目标承担者外,还必须明确谁是团队负责人,以及他(她)所拥有的权利与应承担的责任。即使目标承担者是个人,也必须明确工作的权利与责任。

5. 约定监管方式

目标管理法属分权管理模式。早些年曾有一些错误的观点认为,既然是分权管理模式就不要强调监管,由于放松监管而造成评价绩效时才发现绩效不佳又难以挽回的例子很多。即使是分权管理模式,分权也是有限度的,监管并不是干涉目标承担者自主地工作,而是帮助其获得更好的绩效,当然,采用怎样的监管方式需要目标下达者与承担者双方协商,共同约定。

6. 确定奖惩强度

如果只评价绩效好坏而不实行奖惩,那么所有的绩效管理过程与结果都变得没有了意义。奖励什么惩罚什么须事先确定,以便导引目标承担者调整自己的工作方向与行为。实践中,奖惩的强度常不好把握,激励的效力因人而异,同样的奖惩强度对不同人的效力可能完全不同,而且组织在确定奖惩强度时还要考虑经济能力、价值取向等非绩效因素,这些都使得奖惩变得不那么容易了。

目标管理法的实施流程见图3-4。

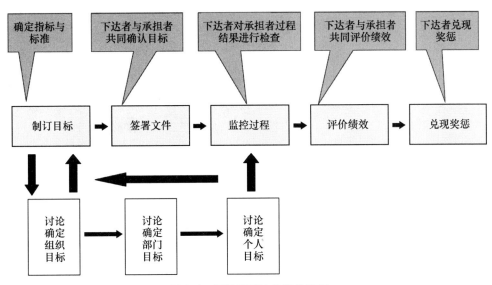

图3-4 目标管理法的实施流程

(三) 目标管理法的条件

运用目标管理法需要具备以下几个基本条件:

1. 最高层管理者思想统一、意愿明确

运用目标管理法的成败取决于管理者,尤其是组织最高层管理者。目标管理法属分权管理模式。对于相对集权的管理模式来说,最高管理层原有的部分权利与责任会被切割给下层管理者,如果最高管理层对此没有清醒的认识,不情愿不放权,则不必采用目标管理法,因为其结果一定不好。

2. 组织有比较好的管理基础

组织已建立了基本的管理制度体系;管理者具备基本的管理理念和管理能力,能够比较公正、准确地评价下属的工作绩效;组织的人力资源管理部门有能力提供技术

支持并开展长期培训。如果组织没有上述管理基础,即使运用目标管理法恐怕也难以取得较好的管理效果。

3. 组织具备良好的信息管理软硬件环境

在目标管理体系中,信息扮演着举足轻重的角色。设定目标、界定评价标准等目标管理法的许多环节都需要大量的信息作支撑,而目标的实施过程就是信息传递与转换的过程。这里没有哪项工作离得开信息管理的辅助与支持,因此有一个良好的信息管理环境是目标管理法得以成功实施的基础。

(四)目标管理法的优点

1. 提高管理水平

目标管理法最大的好处就是它能促使组织管理水平的提高。以工作结果为导向的目标管理法迫使各个目标承担者把注意力放在工作效果上,为保证目标的实现,认真选择实现目标的方法和途径,集约配备相应的组织机构和人选,提供所需的资源和帮助。显然,这一过程培养了各层级管理人员,提高了组织整体的管理效率。

2. 实现自我管理

目标管理法实质上是一种分权管理方式,换句话说,是一种引导组织成员自我管理的方式。在实施目标管理的过程中,组织成员不再只是等待指示、执行指示,而是自觉地依据目标的指引工作,从而实现自我管理。

3. 便于过程控制

目标管理法使责任变得十分明确,因此也就使控制有了依据。在目标管理法运用的全过程中,并不是目标确立并分解之后管理就结束了,而是在整个过程中要将阶段性工作结果比对目标进行审视,如果出现问题必须及时调整。由于有了明确的目标——评价指标,所以监督、控制就变得容易而有效。

4. 增强激励效果

当目标成为组织中每个层次、每个成员本绩效周期内需要达成的工作结果时,目标就成为组织成员工作的推动力。又由于目标是否达成与奖惩挂钩,目标又成为组织成员工作的拉动力,变组织成员被动工作为主动工作,至此目标的激励效用被放大。

(五)目标管理法的缺点

1. 目标设定困难

设定目标的困难表现在两个方面:一方面,如何设定目标使之让目标承担者"不跳够不到"、"跳起来才够得到",是件十分困难的事情。也就是说,理论上这只不过是一个确定评价标准的问题,不存在解决问题的障碍,但实践中这个问题几乎无法解决,因为不知道什么才是"不跳够不到"、"跳起来才够得到"的合理的评价标准。

另一方面是分解目标困难。分解目标就是为下一级组织设定目标,同样存在上述困难。同时还因为任何组织都是一个有机的整体,实现目标需要大家通力合作,没有严格的工作界限,也即"你中有我,我中有你"。而分解目标就必须划分出明确的工作界限,须硬性地割裂具有整体性的工作,因此如何"割"变得十分困难。

2. 目标短期化特征明显

管理实践中,各类组织设定的绩效周期绝大多数不超过一年,为一个绩效周期设定的目标自然与该周期的时长匹配,因此就有了年度目标、季度目标、月度目标,等等。设定这些目标时不需要也不容易跨越绩效周期去考虑组织长远发展的因素,目标的短期化特征十分明显。再者,短期目标有"立竿见影"之效果,且实现目标后容易得到肯定。所以,目标的下达者与承担者都乐于追逐短期目标,而对组织的长期目标漠不关心。

3. 目标缺乏弹性

原则上,在实现目标的过程中是不允许改变目标的,除非极其特殊的情况。如果目标可以被改变,那么目标管理法就失去了存在的基石,变成了无政府主义者的利器。而目标一旦确定就不能轻易改变,也使得组织运作难以适应外部环境的变化,面对当今这个多变的世界,没有弹性的目标使组织有"裹足"之痛。

由于目标管理法是绩效评价中最常用的方法之一而被广泛地应用于各行各业,学习、领会与掌握方法十分重要,又由于其内容复杂,涉及环节多,因而本书将在第四章中列举完整的案例详细讲述。

第六节 描 述 法

描述法是指评价者用描述性的文字对被评价者的工作结果、工作行为、工作态度、工作能力以及优缺点进行评价的一类绩效评价方法。由于描述法使用文字记录、描述有关工作信息,因此评价结果受评价者文字表达能力、个人偏好以及记录所捕捉的信息片段的局限性的影响很大,如果完全依据记录描述来评价被评价者绩效,评价误差太大。正因为描述法有这一缺陷,所以在评价绩效时从不单独使用描述法,而是将描述法作为其他绩效评价方法的信息补充手段,辅助完成绩效评价工作。

描述法不宜经常使用,一方面是因为它增加了评价者的日常文字工作量,另一方面是因为不是所有的评价方法都需要描述法的帮助。只有当所选的绩效评价方法需要用描述法进行辅助评价时才较为适用。

尽管描述法有很多种,但从其使用价值考虑,本节仅介绍其中的三种方法。

一、关键事件法

关键事件法是由美国学者弗拉纳根(Flanagan)和贝勒斯(Baras)于1954年共同创立的,美国通用汽车公司于1955年运用了这种方法。

关键事件法是评价者通过平时观察,记录下一定时间内被评价者的各种有效行为和无效行为,以备对其进行评价时使用的绩效评价辅助方法,是最为典型的描述法。

这里的"关键事件"是指那些会对组织(部门)的整体工作绩效产生重大积极或消极影响的事件。所记录的关键事件的内容应包括:

(1) 导致事件发生的原因和背景;

(2) 员工的特别有效或多余的行为;

(3) 关键行为的后果;

(4) 员工自己能否支配或控制上述后果。

确定关键事件的原则主要取决于这一事件的发生对组织绩效影响的程度,关键事件带有"极端"特色,即"非常好"或"非常坏"。

关键事件法的作用:

关键事件法不能独立用于评价被评价者的绩效,它的作用主要体现在为其他评价方法提供评价的事实依据。具体如下:

(1) 为评价提供事实依据。在绩效实施的过程中,记录关键事件能为在绩效周期末评价绩效时提供清晰、翔实的事实依据,尤其是用比较法评价绩效时,由于评价依靠评价者的"综合印象"容易发生误差,而如果运用关键事件法加以辅助,则评价时的"综合印象"不再模糊。

(2) 为反馈提供事实依据。绩效管理的主要目的是提升、改善和保持绩效。在绩效反馈的过程中,由于有了关键事件的记录,评价者与被评价者讨论工作改进将变得不那么困难,肯定与批评被评价者的工作变得有理有据。采用比较法反馈绩效尤其需要关键事件的佐证。

需要特别指出的是:

(1) 关键事件法不能独立地运用于评价绩效之中,它仅仅是一种绩效评价的辅助方法,必须与其他绩效评价方法结合使用,为它们提供事实依据。

（2）记录的"事件"必须是关键事件，必须与被评价者的绩效指标高度相关。

（3）记录的关键事件仅仅是对被评价者一系列工作行为的描述，评价者不能在其中掺入个人主观臆断。

（4）关键事件的记录要贯穿于整个绩效周期，不能集中在某个时间段。

（5）对关键事件的记录要进行定期分析，要与被评价者一起寻找其知识和技能方面的缺陷，以便及时发现并及时补缺。

例 3-17 通用汽车公司关键事件法

杰克是通用公司的一名员工，其上司对他工作中表现出来"协作性"有如下记录：

1. 有效行为。虽然今天并不轮到杰克加班，但他还是主动留下加班到深夜，协助其他同事完成了一份计划书，使公司在第二天能顺利地与客户签订合同。

2. 无效行为。总经理今天来视察，杰克为了表现自己，当众指出了约翰和查理的错误，致使同事之间关系紧张。

3. ……

资料来源：方振邦、罗海元.战略性绩效管理［M］.北京：中国人民大学出版社，2010.

上述记录并不能直接评价杰克的绩效好坏，只有当需要评价杰克绩效时，上司会使用事前确定的评价方法并结合该记录事实来评价杰克的绩效。

二、评语法

评语法是评价者将被评价者提交的一篇简短的书面报告作为对其进行绩效评价时的辅助手段的一种绩效评价方法。在书面报告中，被评价者要总结自己的工作成果、工作表现、优缺点和需努力的方向；评价者以此作为评价绩效的辅助信息，对被评价者绩效进行评价。评价法是一种比较老的评价方法，具有"自评价"特征。

评语法的优点：

（1）简单易用。

（2）促使被评价者平时注重工作积累，反思工作，养成良好的工作习惯。

评语法的缺点：

（1）受被评价者个人写作能力、认知能力和价值取向等因素的影响，报告或总结中常出现表述混乱、不得要领等现象，影响阅读和评价。

（2）几乎完全的定性描述，为被评价者夸大成绩、缩小问题提供了便利。

（3）评价结果受评价者的主观因素影响很大。

如今在我国，评语法仍被广泛运用。每到本年末或次年初，许多组织的管理部门以及各层管理人员都要写工作总结,列举本年度本部门或自己的工作成绩和存在的不足,总结经验教训,提出下一年度工作思路,并提交给上级部门或自己的上级领导,以辅助其评价本部门或本人的绩效。这是评价法的具体运用。

三、短文法

短文法是由评价者在绩效周期末将被评价者突出的长处和短处总结成一篇短文,作为其评价被评价者绩效的依据之一的一种辅助性绩效评价方法。

短文法是一种简单有效的辅助评价工具,评价者通过回忆、整理被评价者的平时工作中突出的表现,以便其调校评价误差。短文法使被评价者感到被关注,体现尊重客观的求实精神,同时促使评价者平时工作要投入,要注重细心观察,还要善于总结。

短文法虽有诸多优点,但它的局限性也是十分明显的。当一个评价者有较多的下属需要评价时,用短文法为每一位被评价者总结长短处,其中的工作量很大,完成困难,因此当被评价者足够多的时候,几乎是无法完成总结评价工作的。

第七节 小组评价法

小组评价法是将工作团队中所有成员的工作看作一个整体,对整个团体的绩效进行评价的绩效评价法,准确地说,它是一种绩效评价思路,关注的是整个团体的绩效而不是哪一个人的绩效,目的是让团队成员学会合作、学会以团体的力量去完成工作。

小组评价法并不是一种新的方法,本书前面讲述的许多方法都可以运用到小组评价之中,它的核心是被评价者由个人变为团体,在形成集体认同感和促进团队成员合作方面十分有效。

第八节 绩效评价的主体

一、绩效评价主体的类型

绩效评价主体又称绩效评价者,是对被评价者绩效进行总结的行为人,主要是被评价者的上级,也可以是同级或下级。评价主体可以由一人担当,也可以由多人组成,因此,绩效评价主体有单一主体与多主体之分。

单一评价主体是指只由一人完成对被评价者绩效的评价工作,如果由两人及两人以上完成评价工作则称为多评价主体。

单一评价主体一定是被评价者的直接上级,只有这样才能充分体现上级对下级的管理权。显然,采用单一评价主体评价绩效具有掌握信息清晰、评价绩效快捷、反馈绩效明确的优点,同时也存在主观评价误差较大的风险,所以近年来更多地采用多评价主体来评价绩效。

多评价主体是从各自不同角度来评价被评价者的,因此与单一评价主体的情况相比,能从多侧面更为全面地给出评价,能较好地对冲由于个体的主观意愿造成的偏差,有效地降低主观评价误差。但要看到,不是所有的评价主体都能像被评价者上级那样了解掌握被评价者的工作情况,如果评价主体选择不当,尤其是当评价主体中的大部分人不了解被评价者的工作状况时,还会带来新的可能更大的评价误差。这种现象在现实的管理中时有发生。

多评价主体中有一种特殊的类型,即360度绩效评价主体,它是目前被运用得最为广泛的一种评价主体类型。

二、360度绩效评价主体

360度绩效评价主体是由组织内外部与被评价者有工作关系的人构成绩效评价主体,共同对其绩效进行评价,这种评价主体则称为360度绩效评价主体。

具体地,360度绩效评价主体包括被评价者的上级、同级、下级和自我,同时还包括被评价者提供产品或服务的对象(如客户),和为被评价者提供产品或服务的对象(如供应商)。

360度绩效评价主体构筑的是一个评价绩效的广角视野,它是多评价主体的一种极端类型,尤其是加入"客户"与"供应商",强化了被评价者的服务意识,同级和下级的存在又使被评价者不得不顾及团队整体感受。因此,360度绩效评价主体增强了被评价者的绩效压力,这时的被评价者不能只顾及自己的工作而不关注他人的工作,使因岗位而被分割的工作联成一体。国内外采用360度绩效评价主体的案例很多,管理事实充分说明,360度绩效评价主体有着显著的优势。

采用360度绩效评价主体,评价绩效的过程不再简单。这里涉及评价主体的人员选用和权重分配问题。这两个问题远不是表面看上去那么简单,其中包含着权利问题、利益再分配问题,等等。

三、选择360度绩效评价主体的原则

360度绩效评价主体是由多人组合而成,尽管入选人员有诸如上级、同级、下级等类别要求,但因上级、同级、下级不具唯一性,所以选谁不选谁,选几人是有讲究的。选择不当会直接影响评价结果,需要慎重对待。以下几条选择原则具有实践意义。

(1) 360度绩效评价主体的构成人数应适当。不是参与评价的人越多越好,人多会加大评价组织的难度,延长评价过程的时间,加重评价结果的统计负担,提高统计结果出错的可能性,所以人数适当即可。除被评价者直接上级外,其他各类人员只要达到有统计意义的人数即可。

(2) 360度绩效评价主体除了有人员构成的数量要求外,还有人员构成的质量要求。选择具有管理能力经验及坚持理性原则的人进入是保证评价结果公平、准确的重要性条件,尤其是在评价主体人数偏少的情况下,这是决定性条件。出现主观评价误差,一是由于评价者缺乏管理能力与经验,没有掌握评价尺度,造成评价结果失真;二是由于评价者缺乏理性原则,任由自己的偏好左右评价结果所致。

(3) 因为360度绩效评价主体中的每一个人都握有评价权,利益回避要成为选人的硬性规定。与被评价者构成利益关系的人一定不能作为评价主体的构成人员,即使此人理性特征突出也要避嫌。"公正、公平"要体现在制度安排上,而不是制度执行中权变的"产物"。

四、评价主体的权重分配

在360度绩效评价主体中有着各类评价主体,对他们的重要性必须加以明确和区分,这不仅仅是为了计算获得绩效评价结果,更重要的是体现不同类评价主体在绩效评价中的重要性,强化评价结果对被评价者的导向作用。

评价主体的权重分配其实是权力分配。技术上,各类评价主体的权重可以用诸如层次分析法等统计学方法计算得出,这似乎是客观科学的。实践中,往往不通过或不完全通过计算分配权重,而是根据需要直接分配权重。这其中涉及组织文化和阶段性组织需求等因素。

无论如何分配权重都应充分体现被评价者直接上级的重要性,它是上级对下级行使管理权的保证,这部分权重应是所有权重的最大值。如果直接上级的权重不够大,则会大大削弱上级对下级的管理权,通俗地说就是,下级可以不把上级当领导,可以不服从上级的工作安排。其他各类评价主体的权重份额体现的是管理导向,也即它促

使被评价者调整工作方向以适应组织需求。表 3-36 中的权重分配具有参考价值。

表 3-36 评价主体的权重分配

类别	权重
直接上级	≈40%
同级	≈20%
自我	≈5%
下级	≈5%
"客户"	≈20%
"供应商"	≈10%

总之,评价主体的选择及权重分配虽有条款可依,但切不可教条,因地制宜是解决所有管理问题的灵魂。

? 习题

1. 利用比较法的思路和技术手段为"国家助学金"、"国家奖学金"、"国家励志奖学金"、"学校奖学金"等学生奖学金的发放设计遴选方案。

作业形式:(1) 书面报告(必做);
(2) 课堂演讲(选做)。

2. 利用量表法的思路和技术手段为"国家助学金"、"国家奖学金"、"国家励志奖学金"、"学校奖学金"等学生奖学金的发放设计遴选方案。

作业形式:(1) 书面报告(必做);
(2) 课堂演讲(选做)。

第四章

绩效评价案例

【学习目标】

　　通过学习案例,掌握绩效评价方法的应用思路和技巧,领会理论服务于实践的含义,初步懂得将绩效管理理论应用于解决实际问题的方法。

案例一：编制基于平衡计分卡的目标管理责任书

某机械制造公司的发展战略是"用十年左右的时间，成长为适度多元化的、具有高技术水平的、年营业收入超过 50 亿元的企业集团，并且使主营业务在国际市场拥有一席之地"。

在此以该公司为例，以综合平衡计分卡为工具为其设计绩效评价指标体系，并采用目标管理法编制该公司"××年度的公司目标管理责任书"。

图 4-1 是公司发展战略前五年的战略目标图示。从图中可以清楚地看到，公司在十年发展战略的前五年要对原有的主营业务——机械制品进行彻底的调整，调整后新业务占主导地位，原有业务处于辅助地位。

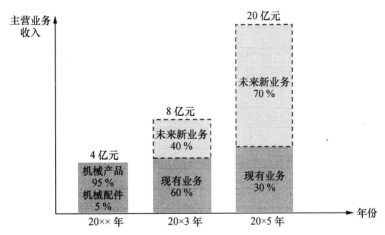

图 4-1 公司未来五年业务发展战略目标

显然，本例是以公司整体（组织）为被管理者，所要做的是采用目标管理法对公司的绩效进行管理。由于绩效管理是一个管理过程，由四个环节组成，在书面上只方便体现绩效计划环节，因此本章重点讲述绩效计划的制订过程。

这是一场重大的变革，20××年是这场为期十年的变革的元年，公司每年的绩效目标要从 20××年开始，根据变革的思路统筹考虑，逐步递进，最终将发展战略变为现实。

制订 20××年公司的绩效目标从分析发展战略开始。

1. 从十年发展战略到三年业务发展战略目标

该公司未来十年的发展战略及三年业务发展战略目标如表4-1所示。

表4-1 公司十年发展战略及三年业务发展目标

发展战略
用十年左右的时间,成长为适度多元化的、具有高技术水平的、年营业收入超过50亿元的企业集团,并且使主营业务在国际市场拥有一席之地。

三年业务发展目标
1. 年总收入8亿元
2. 未来新业务收入3.2亿元
3. 传统业务收入4.8亿元

2. 从三年业务发展目标到20××年绩效目标

要实现上述三年发展目标,落实到20××年,需有明确的公司绩效目标。如表4-2所示。

表4-2 到20××年的绩效目标

绩效目标
1. 提高传统产品的技术含量
2. 巩固老客户群
3. 选择适合的新产品
4. 提高员工素质
5. 引入、改进作业流程

3. 将绩效目标分解为四个方面的绩效子目标

绩效子目标如表4-3所示。

表4-3 绩效子目标

财务
1. 资本获利性
2. 现金流状况
3. 新产品的盈利性
4. 传统产品业绩的可靠性

客户
1. 传统产品的性价比 2. 新产品的竞争性 3. 客户需求

内部管理
1. 业务流程更新改造 2. 质量控制 3. 安全控制 4. 项目管理

创新发展
1. 持续改进传统产品及技术服务 2. 更新劳动力结构和技能

4. 进一步将四个方面的绩效子目标具体化

具体化的绩效子目标如表 4-4 所示。

表 4-4　绩效子目标的具体化

财务
1. (净)资产收益率 2. 传统产品收入 3. 新产品利润率 4. 销售回款率 5. 资金周转率

客户
1. 传统产品价格 2. 传统产品的市场份额 3. 与客户讨论老(新)产品的时间 4. 主要(大)客户满意度 5. 新产品的客户知晓度

内部管理
1. 传统产品优良率 2. 新产品合格率 3. 安全事故指数 4. 新产品生产周期

绩效评价与管理

创新发展
1. 新产品的投入占总资本的比例 2. 新产品收入占总收入的比例 3. 员工接受培训的时间 4. 新增知识型、技能型员工占总员工的比例

5. 将四个方面的绩效子目标转化为具体的绩效指标,并确定绩效标准

到此,将目标转化成绩效指标已较为容易了,但确定绩效标准不是件容易的事,需要根据组织历史信息、数据,结合组织现实基础,并对投入的资源等条件加以权衡而确定。如表4-5所示。

表4-5 绩效指标及标准

指标	标准
(净)资产收益率	%
传统产品收入	亿元
新产品利润率	%
销售回款率	%
资金周转率	…
传统产品价格	…
传统产品的市场份额	…
与客户讨论老(新)产品的时间	…
主要(大)客户满意度	…
新产品的客户知晓度	…
传统产品优良率	%
新产品合格率	%
安全事故指数	…
新产品生产周期	…
新产品的投入占总资本的比例	%
新产品收入占总收入的比例	%
员工接受培训的时间	…
新增知识型、技能型员工占总员工的比例	%

6. 编制20××年公司部门责任书

目标责任书应包含绩效目标(绩效评价指标及标准)、奖惩标准、绩效周期、绩效

监控方式、目标下达者及目标承担者等主要内容。书写形式没有定式。

××公司20××年目标责任书

为明确20××年公司整体工作任务,经目标下达人和目标责任人充分协商,达成一致,确立本目标责任书。公司年度绩效目标如表4-6所示。

表4-6 年度绩效目标

指标	标准	核算标准
(净)资产收益率	%	
传统产品收入	亿	
新产品利润率	%	
销售回款率	%	
资金周转率	…	
传统产品价格	…	
传统产品的市场份额	…	
与客户讨论老(新)产品的时间	…	
主要(大)客户满意度	…	
新产品的客户知晓度	…	
传统产品优良率	%	
新产品合格率	%	
安全事故指数	…	
新产品生产周期	…	
新产品的投入占总资本的比例	%	
新产品收入占总收入的比例	%	
员工接受培训的时间	…	
新增知识型、技能型员工占总员工的比例	%	

目标下达人:
    赵强(或公司董事会)
目标责任人:
    张力(总经理)
评价时间:
    次年元月中旬

评价组织：

1. 董事会秘书事前汇集20××年评价公司绩效所需的相关材料；
2. 董事长主持评价，组织召开董事会全体董事及相关人员参加的年度绩效评价会；
3. 总经理汇报工作；
4. 董事会确认目标完成情况；
5. 兑现奖惩。

奖励办法：

1. 未完成目标无年度奖金；
2. 基本完成目标按_____计发年度奖金；
3. 完成目标按_____计发年度奖金；
4. 超额完成目标，除按上述"3"计发年度奖金外，另增加_____万元年度奖金，增加带薪休假十天。

监控办法：

1. 责任人每月向董事会提供有关目标执行情况的信息；
2. 董事会每季度全面了解情况，并与责任人协商解决影响目标完成的异常问题；
3. 董事会根据需要委托有关人员不定期进行某专项检查；
4. 年终结算日为12月31日。

目标下达人： 　　　　　　　　　　目标责任人：
签署日期：

案例点评：

1. 平衡计分卡是一个复杂的绩效指标体系，从本例可以看到，每一方面的指标仅4—5个，总指标数就达到了16个以上。确立这么多的指标及标准不容易，而要评价这么多的指标同样麻烦，所以平衡计分卡适合于较大型组织的绩效管理。
2. 目标管理法是对阶段性工作绩效进行管理的有效办法，充分体现"自主管理"与"分权"特征，但这一切都应该置于可控的前提下。
3. 《目标责任书》具有"一次性"特性，一份《目标责任书》不能多次使用。如果实行的目标管理是基于综合平衡计分卡的，则制订《目标责任书》需要花费大量的时间，甚至需有组织外部专家的帮助才能完成，管理成本很高，对于绩效管理周期相对较长且与组织战略目标关联性强的组织绩效管理较为合适。

4. 应用目标管理法管理绩效时,当外部情况发生变化,调整目标是必要的但也是困难的。

案例二: 借用综合量表法评价大学国旗班队员(学生)的表现

武汉科技大学国旗班是一个以宣传弘扬爱国主义精神为核心的学生团体,承担着每日升降国旗和大型活动举行升旗仪式的任务。本案例中,武汉科技大学管理学院采用综合量表法对国旗班学生在国旗班活动中的表现(绩效)进行评价。

1. 绩效目标
(1)提高国旗班队员完成日常任务的质量;
(2)提高国旗班队员责任意识,遵章守纪;
(3)提高国旗班队员文化修养,扩大在学校的影响力。

2. 评价者与被评价者
评价者:武汉科技大学国旗班班长、政委、纪律部长
被评价者:武汉科技大学国旗班全体队员

3. 绩效周期
绩效周期为三个月。

4. 评价量表
考虑到国旗班组成人员都是在校学生,其主要任务是完成学业,而国旗班的任务是其课余活动内容,结合国旗班的这一任务特性,选用较少的四个指标来评价队员在国旗班的表现。

表 4-7 综合评价量表:评价指标及权重

评价指标	权重	评价依据、资料来源
思想道德	25%	国旗班日志
责任感	30%	是否遵守纪律,日常训练、升旗时的精神状态,对国旗班大小事宜的关心程度及参与程度
动作质量	25%	国旗班例会中升旗情况汇报、总结记录,日常训练记录,动作评价表
出勤	20%	国旗班例会、训练考勤记录表,升旗任务考勤记录表

表 4-8 综合评价量表:思想道德评分标准

评价指标	等级	标准定义	分值
思想道德	一	热爱祖国,热爱国旗,团结队友,积极向上,时刻关心国旗班内部思想动态,经常在会中讨论环节就班内思想道德建设发表个人见解,对于自身的错误能及时检讨改正	20
	二	热爱国旗班,关心班内成员,团结友爱,偶尔在班级内部宣传思想教育的重要性,并以身作则	15
	三	思想积极进取,与队友和谐相处,互帮互助,可以接受并愿意参与班内思想政治教育活动	10
	四	思想不太积极,被动接受且排斥班内思想教育活动,在国旗班日志中有不良行为的记载	5
	五	对班内思想道德建设毫不关心,不参与班内思想政治教育活动,时常宣扬不健康思想,并在国旗班日志中有多次不良行为记载	0

表 4-9 综合评价量表:责任感评分标准

评价指标	等级	标准定义	分值
责任感	一	严格遵守国旗班纪律,积极认真参与班级的日常训练及大型活动升旗任务,风雨无阻,并起到模范作用,能对班级提出建设性意见或建议,积极策划、参与班级活动,团队精神极强	20
	二	遵守班级纪律,认真完成各项升旗任务,积极参与日常训练与班级活动,认真执行班级的各项规章,关心队友	16
	三	较遵守班级纪律,在班委的监督下按照规定参加日常训练以及完成升旗任务,不主动参与班级活动或者日常事务的商讨	11
	四	较不遵守班级纪律,在班委的督促下能参与训练和完成升旗任务,态度较为散漫,偶尔借故推脱训练或升旗任务,对班级活动参与较少	6
	五	不遵守班级纪律,行事散漫,常无故不参与日常训练及升旗任务,完成升旗任务时态度恶劣,脱离班级活动,不关心队友	0

表 4-10　综合评价量表:动作质量评分标准

评价指标	等级	标准定义	分值
动作质量	一	在日常训练中严格要求自己,执行升旗任务时,动作标准,能达到大型升旗主旗手的水平,未出过差错,对于升旗整套动作设定能给出建设性的建议或意见,对队友的动作能起到示范作用,能妥善处理好各种突发状况	20
	二	在日常训练中严格要求自己,执行升旗任务时,动作较标准熟练,较少出差错,训练日志中相同问题动作记载较少,能配合左右旗手顺利完成升旗任务,能处理好大部分突发状况	16
	三	按规定参与日常训练,执行升旗任务时,动作水平一般,但较熟练,偶尔出错,但能及时进行调整,训练日志中有少许相同问题动作的记载,能处理某些突发状况	12
	四	在日常训练中动作较为生硬,执行升旗任务时,能完整地完成整套动作,但动作水平较低,动作不熟练,经常犯类似的错误,不能及时改正,训练日志中有较多相同的错误动作记载,不能处理好个别突发状况	6
	五	在日常训练中动作非常生硬,不能完整地完成整套升旗动作,经常犯相同的错误,经训练指导后其动作水平依然不能达到参与升旗的最低标准,对于突发状况不知所措	1

表 4-11　综合评价量表:出勤评分标准

评价指标	等级	标准定义	分值
出勤	一	日常训练、班级例会、执行升旗任务以及各项活动均出满勤,积极参加班内活动	20
	二	出勤状况良好,月请假平均次数在 2 次以内,从未无故缺席或者迟到早退,积极参加班内活动	15
	三	出勤状况一般,月平均请假次数为 2—4 次,偶尔迟到早退,不会无故缺席	10
	四	出勤状况较差,月平均请假次数为 4—6 次,偶尔迟到早退或者无故缺席	5
	五	出勤状况很差,月平均请假次数超过 6 次,经常无故缺席,几乎不参加班内活动	1

表 4-12 综合评价量表:评价结果统计

被评价者姓名				
序号	评价指标	评价结果		
		权重	等级	评价得分
1	思想道德	25%		
2	责任感	30%		
3	动作质量	25%		
4	出勤	20%		

按简单平均法统计所有评价者的评价结果,得出被评价者的最终绩效评价结果。

案例点评:

1. 综合量表既适用于评价工作行为,又可评价工作结果,本案例正是利用了综合量表的这一特性,对国旗班学生的行为与结果进行评价。从本案例的综合量表中还发现,该量表对行为与结果的指向性都不强,不能非常清晰地刻画行为或界定结果,似是而非,这正是综合量表的不足之处。

2. 国旗班的学生严格来说无工作绩效可言,因为大学国旗班队员并不是一种职业或一个岗位,但他们有组织有任务,还有对他们表现好坏给出评价的需求,因此,完全可以借用绩效评价的方法来评价他们的表现。类似的事情也同样可以运用绩效评价方法。

案例三:G 公司采用等级择一法与强制比例分布法评价员工绩效

G 公司是一家于 20 世纪 90 年代后期上市的大型企业,公司下辖分、子公司共计 17 家,业务范围涉及近十个领域。下面是 G 公司首次实行绩效考核时所制订的制度(部分),从制度中不难发现组织进行绩效评价(考核)的意图以及一些特别之处。

第一章 总 则

第一条 为了使考核工作规范化、制度化,提高员工工作效率和管理水平,在总结以往考核工作的基础上结合公司实际情况,特制定本办法。

第二条 考核工作原则

1. 实事求是,客观公正;

2. 民主、集中相结合；

3. 力求实效，便于操作。

第三条 考核目的

1. 激发员工工作热情，促使员工改进工作。

2. 作为员工岗位异动、工资调整、奖惩的依据。

第四条 本办法适用于公司除高级管理人员外的全体人员，高级管理人员考核办法由公司董事会制定。

第二章 考核类型

第五条 考核分季度工作考核、年度综合考核、转正考核、任职考核、专项考核五类。

第六条 ……

第三章 季度工作考核

第七条 季度工作考核于每季度最后一周进行。

第八条 季度工作考核标准

表4-13 公司季度工作考核标准

序号	考核项目	满分	评分标准
1	工作数量	20	按工作量饱满程度评分。
2	工作质量	20	按是否达到工作要求评分。
3	工作效率	10	按是否在要求的时间内完成工作评分。
4	工作主动性	10	按工作的主动性及责任感评分。
5	遵守各项规章制度	10	按有无违规行为评分。
6	合作精神	10	按与同事合作的能力与态度评分。
7	出勤	20	按一个季度累计出勤情况评分。全勤20分，事假1天扣2分，病假1天扣1分，扣完为止。

第九条 季度工作考核成绩分优秀、良好、合格、不合格四等，所占比例分别为优秀20%、良好45%、合格与不合格共35%。

第十条 季度工作考核以部门为单位采用自下而上的方式进行。步骤为：

1. 由参加考核的员工填写《季度工作考核表》并交部门负责人；

2. 部门负责人在审查员工《季度工作考核表》后，依第七条考核标准确定员工每一考核项目分数，将各项考核得分相加计算出考核总分；

3. 部门负责人按第八条规定的比例及上述考核总分，在进行适当的调整后确定

出员工"部门负责人评议"成绩,少于三人(含三人)的部门,考核成绩可有等级空缺,最后将该成绩填入《季度工作考核表》中;

4. 部门负责人在部门内公布员工排序结果(按总分排序);

5. 部门负责人将本部门全体员工(含自己)《季度工作考核表》交人力资源部;

6. 人力资源部将各部门员工考核成绩填入《季度工作考核成绩汇总表》,并将该表连同《季度工作考核表》一并提交各分管副总裁;

7. 各分管副总裁确认所分管部门员工"最终成绩",并依据第七条考核标准对部门负责人进行考核。确定全体员工季度绩效工资系数。

第四章 考核要点

第十一条 员工均须按人力资源部统一安排参加考核,如遇特殊情况不能参加考核,本人须提前提出书面申请,经分管副总裁批准后方可延期考核。

第十二条 全体执考人与被考核人均须按要求填写各类表格,以确保表格填写标准化。

第十三条 全体执考人与被考核人不得未经人力资源部许可散布考核成绩,更不得随意猜测考核成绩。

第十四条 考核成绩由人力资源部公布。

第十五条 各类考核表格一律作为原始资料进入员工个人工作档案,各类评议表格及统计资料一律作为公司原始资料存档,以上资料均由人力资源部统一保管。

第十六条 考核结束后,执考人应告之被考核人需改进的工作,并与被考核人一起制订改进工作方案(包括改进工作的方法、时间)。

第十七条 执考人应随时掌握工作改进情况。

第五章 处 理

第十八条 一年内两次季度工作考核不合格者年度综合考核成绩直接记为不合格。年度综合考核不合格者将做待岗或解除劳动关系处理。

第十九条 不论考核成绩为何等,依年度综合考核成绩排序被确定为末三位的员工做待岗处理,被确定为末位的部门负责人降低一档基本工资,两次被确定为末位的部门负责人做待岗处理。

第二十条 待岗人员一律由人力资源部组织培训,人力资源部依培训结果拟出处理意见报总裁,由总裁审定。

第二十一条 待岗期以三个月为限。待岗三个月满仍无岗位者解除劳动关系。

第二十二条 待岗后重新上岗,季度工作考核成绩仍为不合格者解除劳动关系。

第六章 附 则

第二十三条 本办法附件有《季度工作考核表》、《年度综合考核表》、《转正考核表》、《任职考核表》、《专项考核表》、《考核成绩汇总表》(详见附件)。

第二十四条 本办法经总裁办公会通过后生效。

第二十五条 本办法解释权属人力资源部。

案例点评:

1. 强制比例分布法是比较法中的一种,等级择一法是量表法中的一种,两者都有设计简单、使用方便的优点,也同有评价较为粗略、评价结果说服力不强、不便反馈的缺点。两者合并使用并无取长补短之效,只是强制比例分布法难以对整个组织通过分布比例以区分绩效等级,而等级择一法的评价结果正好可为强制比例分布找到评价的依据。本案例是两者结合的现实体现。

2. 强制比例分布法和等级择一法都是众多绩效评价方法中被使用得较多的方法,尤其是在规模不大、构成不复杂的组织中常被选用。本案例的分析对象正是一家整合组建不久的上市公司,员工来自于众多不同的组织,企业的文化尚未成型。在这样的组织中选用较为简单的评价方法是明智之举。

3. 在第八条的考核标准表中,将"出勤"列为绩效内容。严格来说,"出勤"与绩效无关,它是工作纪律对员工的要求,把它列入"考核项目"而且权重很大,这一定与该公司工作纪律的实际状况有关,已经到了必须通过绩效管理这个强有力的手段来严肃工作纪律的地步。

4. 本案例第九条明确了绩效等级与强制分布的比例,奇怪的是绩效评价结果有四等,但分配的比例只有三档,"合格与不合格共35%"。这样一来,"不合格"徒有虚名,绩效等级变相为"优秀"、"良好"、"合格"三等,即在实际操作中"不合格"将被淹没于"合格"之中。理论上这是有问题的,但在本案例中出现一定有它出现的原因,不能武断地加以否定,只能说明该公司的主流价值观不能接受强制将员工绩效定为"不合格"的现实,组织文化中平均主义色彩浓厚。

5. 本案例第十九条规定:"不论考核成绩为何等,依年度综合考核成绩排序被确定为末三位的员工做待岗处理,被确定为末位的部门负责人降低一档基本工资,两次被确定为末位的部门负责人做待岗处理。"这是典型的末位淘汰做法。表面上看似乎没什么问题,优胜劣汰十分合理,实际上这种做法对处于组织中绩效水平较高的部门或团队的员工工作积极性的打击很大,反而保护了绩效水平偏低的部门或团队中的绝大多数员工。尤其对部门负责人,由于他们的工作差别太大而不可比,把所有的部门负责人按绩效一并排队是没有道理的。因此,不能在整个组织中笼统地采用末位淘汰法,而在一岗多人的同一岗位中使用末位淘汰法较为合适。

6. 本案例说明选用任何绩效评价方法一定要结合组织的实际,要考虑组织的现实管理需求,更要考虑巩固管理的组织基础,否则再好的方法终将因无法推行而变得没有使用价值。

案例四:H公司中层及以下员工绩效考核办法

H公司是一家国有资本控股的大型企业。公司下辖8家子公司、15家分公司和3家参股公司,业务范围涉及市政、轨道交通、港口航道以及公路等领域,图4-1为H公司总部岗位结构图(部分)。

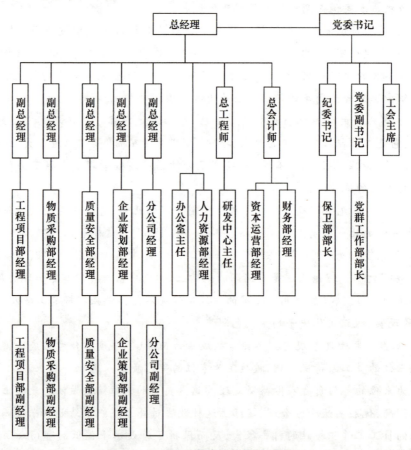

图4-1　H公司总部岗位结构图(部分)

2010年,H公司完善了公司整体绩效管理体系,实施了新的绩效管理制度。下面是该公司总部中层及以下员工绩效管理制度的节选。

第一章 总　则

为了促进公司管理的规范化,建立绩效管理系统,提高公司整体经营业绩,特制定本办法。

第一条 本办法适用于除公司高管之外的其他员工。

第二条 考核目的

（一）强化绩效过程管理,提升公司整体绩效水平;

（二）帮助员工提升自身工作水平和能力;

（三）促进上下级之间的沟通和各部门之间的相互协作,培养团队合作精神。

第三条 考核原则

（一）与公司战略目标相匹配,实现公司各阶段发展目标;

（二）以提高员工绩效为导向;

（三）定性与定量相结合;

（四）公平、公正、公开。

第四条 考核结果有优、良、合格、基本合格、不合格五个等级。

第二章 组 织 管 理

第五条 组织构成

考核体系由公司考核领导小组、各部门负责人构成。

第六条 考核领导小组及其职责

考核领导小组是公司(分子公司)总部考核的最高决策机构,由本单位分管领导、企业策划部、人力资源部主要负责人组成,负责领导考核管理工作(日常办事机构设在人力资源部),主要承担以下职责:

（一）考核管理办法及相关办法的制定和修改;

（二）议定总部的绩效管理体系的主要原则问题;

（三）决定总部的总体绩效目标,负责对总部考核办法的执行情况进行监督;

（四）考核结果的审定;

（五）综合权衡调节整体考核结果;

（六）处理员工的考核申诉。

第七条 企业策划部门及其考核职责

（一）组织制定总部各部门的绩效指标与目标体系;

（二）根据本单位年度方针与各部门目标制定半年度、年度绩效考核目标,负责下达部门工作计划,组织对各部门工作的完成情况进行考核;

（三）在考核期间负责参与各部门目标值的商定、变更、管理；

（四）履行其他与考核相关的、应由企业策划部履行的职责。

第八条 人力资源部及其考核职责

（一）拟定总部绩效考核管理办法；

（二）收集本单位内部对考核工作的反馈意见，并加以分类、汇总、分析，以修订和完善公司绩效考核管理办法；

（三）配合企业策划部综合平衡确定各部门整体绩效目标后，组织各部门负责人完成部门内部绩效面谈；

（四）对各部门进行各项考核工作的培训与指导，协助各岗位达到考核标准；

（五）对各部门的考核过程进行监督与检查，对考核过程中的不规范行为进行纠正、指导与处罚；

（六）汇总统计考核评分结果，并定期撰写本单位阶段绩效考核报告，提交考核领导小组审议；

（七）调节、处理员工考核申诉的具体工作；

（八）对各部门的半年度、年度考核工作情况进行通报；

（九）建立本单位员工个人的绩效考核档案，作为绩效工资和年度绩效奖金发放、岗位工资档级调整与岗位调动等的依据；

（十）根据对考核结果的分析结论，制定对员工的培训计划，并组织实施；

（十一）履行其他与考核相关的，应由人力资源部履行的职责。

第九条 各部门负责人的考核职责

（一）负责本部门绩效面谈；确定部门绩效目标后，负责部门各岗位绩效考核指标的分解和目标值的确定；

（二）负责对本部门考核工作中的不规范行为进行纠正和处罚；

（三）负责帮助本部门员工制定工作计划并确定考核标准；

（四）负责所属员工的考核评分；

（五）负责汇总本部门的考核评分；

（六）配合人力资源部协调、处理本部门员工的考核申诉；

（七）负责所属员工的考核结果反馈和绩效面谈，并帮助员工制定改进计划；

（八）履行其他与考核相关的、应该由部门正职履行的职责。

第三章 考核方法

第十条 考核周期

每半年考核一次，年终汇总。考核于每年 7 月 15 日、次年 1 月 15 日前完成。

年终考核结果取员工半年度考核总评得分，即：

员工年终考核总分 = 上下半年度考核得分的平均分 + 管理创新加分

第十一条　考核维度

考核维度包括绩效(包括任务绩效、管理绩效)、工作态度、工作能力三个方面。每一个考核内容由相应的考核指标组成,对不同的考核对象采用不同的考核指标。

(一)绩效包括任务绩效、管理绩效。

1. 任务绩效:体现本职工作任务完成的结果。每个岗位都有对应岗位职责的任务绩效指标,是一个从上而下的分解过程,充分体现公司战略目标导向的总体要求。任务绩效体现关键业绩指标(KPI),是指可影响本单位生产经营管理的关键因素,是被考核人主要工作完成情况的指标,并与公司战略目标相一致,分为以下几类:

(1) 量化业绩指标:是指反映公司经营和管理业绩、预算控制能力以及组织成长的主要数据指标。

(2) 质化业绩指标:是指反映公司经营和管理情况的非量化、过程性、辅助性的定性指标。

(3) 临时交办的任务指标:是指在已确定的业绩指标以外,属不可预见且尚未达到调整已定业绩指标权重的临时工作任务。每半年设定分值5分,操作和服务岗位不设立该项指标。

(4) 否决类指标:是对被考核人所承担工作职责的风险控制指标,旨在杜绝重大违规和风险责任事故的发生。每名被考核人否决类指标不少于2项,每项3分,该类指标不分配权重,被考核人工作中出现该类指标描述的情况时,要按确定的分值进行扣减。

(5) 关键业绩指标的确定方法与原则:关键业绩指标是指可影响个人工作业绩的关键因素,用来衡量被考核人主要工作完成情况的指标。关键业绩指标的确定是绩效考核非常重要的环节,关键业绩指标的确定应由主管领导根据公司战略所确定的目标,结合部门与岗位所承担的目标任务,通过面谈、沟通、讨论,自上而下、层层分解来确定,使被考核人明确目标任务及所达到的效果,同时随着公司战略的深化而不断修正。定量指标要做到具体明确,重点突出,简便易行,并有时间、数量和质量的要求,还要具有可实现性和挑战性。定性指标要具有过程性、严密性,使之与量化的关键业绩指标互相衔接,互为补充,并做到具体明确、科学合理。目标的确定不宜过高或过低,应是被考核人经过努力可以达到的。

2. 管理绩效:体现中层管理人员对下属的管理和工作指导的绩效。

(1) 工作态度:指被考核人员对待工作的态度和工作作风,从积极性、协作性、责任心和纪律性等方面考评;

(2) 工作能力:指被考核人完成各项专业性活动所具备的特殊能力和岗位所需要的素质能力。考核对象、考核主体不同,能力考核指标也不同。

……

第十二条　公司各层次员工考核维度、主体和权重建议对照表4-14实施。

表 4-14 公司各层次员工考核关系表

考核对象	考核维度	考核主体及考核权重						
		分管领导	总经理	党委书记	其他领导	本部门正职	本部门副职	本部门分管
部门正职	任务绩效（80%）	40%	20%	20%	20%	/	/	/
	管理绩效及能力（20%）	40%	20%	20%	20%	/	/	/
部门副职	任务绩效（80%）	30%	15%	15%	10%	30%	/	/
	管理绩效及能力（20%）	30%	15%	15%	10%	30%	/	/
部门一般员工	任务绩效（80%）	/	/	/	/	50%	30%	20%
	工作态度（10%）	/	/	/	/	50%	30%	20%
	能力（10%）	/	/	/	/	50%	30%	20%

注：
1. 同一层次有多个考核人的，取平均值；
2. 由总经理或党委书记分管的部门，对其部门正职的考核权重，分管领导为50%，不分管的正职领导为30%，公司（分子公司）其他领导为20%；对其部门副职的考核权重，分管领导为35%，不分管的正职领导为20%，公司（分子公司）其他领导为10%，部门正职为35%。

示例：
部门正职考核得分 = 分管领导评分×40% + 总经理评分×20% + 党委书记评分×20% + 其他领导评分平均数×20%

第十三条 考核流程

半年度和年度考核流程分别见图4-2和图4-3。

（一）半年度考核

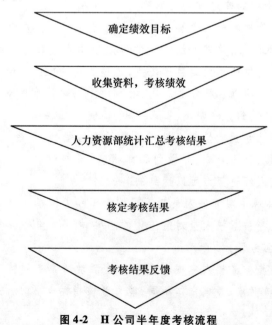

图 4-2 H 公司半年度考核流程

（二）年度考核

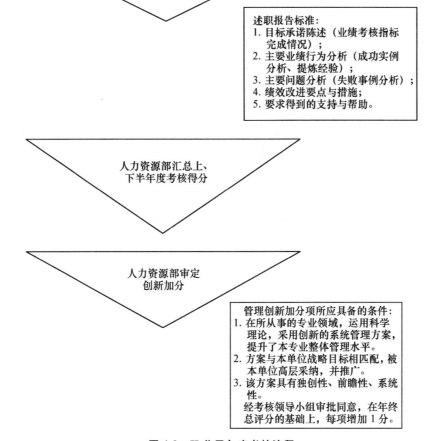

图 4-3　H 公司年度考核流程

第十四条　半年度、年度考核系数的确定

（一）中层管理人员、一般员工的半年度、年度考核系数与本人半年度、年度绩效工资挂钩。

（二）中层管理人员

1. 中层管理人员指的是部门正职、副职。

2. 对中层管理人员的半年度、年度考核综合得分按得分高低根据比例进行强制分布，直接对应考核系数表，得出中层管理人员的半年度、年度考核系数，详见表 4-15。

表 4-15 中层管理人员半年度、年度考核系数对应表

等级	优	良	中	基本合格	不合格
考核系数	1.1	1.05	1.0	0.95	0.9
分布比例	17%	30%	50%	3%	

（三）一般员工建议按以下情况确定

1. 部门考核前 10 名（或前 50% 的比例）的部门产生优秀员工，后 2 名（或后 10% 的比例）的部门产生基本合格或不合格员工，具体分布见表 4-16。

2. 总部所有一般员工，按得分高低在本部门进行排序，并通过强制分布得出一般员工的半年度、年度考核系数，见表 4-16。

表 4-16 一般员工半年度、年度考核系数对应表

部门排序	等级	考核系数	部门内一般员工排序	
			9人（含9人）以下部门	10人（含10人）以上部门
前10名部门（或前50%的比例）	优	1.1	第1名	第1、2名
	良	1.05	第2名	第3、4名
	中	1.0	剩余人员	
	基本合格	0.95		
	不合格	0.9		
后2名部门（或后10%的比例）	优	1.1	/	/
	良	1.05	第1名	第1、2名
	中	1.0	剩余人员	剩余人员
	基本合格	0.95	至少有1名基本合格或不合格人员	
	不合格	0.9		
其他部门	优	1.1	/	/
	良	1.05	第1、2名	第1—3名
	中	1.0	剩余人员	
	基本合格	0.95		
	不合格	0.9		

注：(1) 本表内部门人员人数不含部门正、副职；
(2) 部门内一般员工排名不得重复；
(3) 排序前几名部门的数量和部门人数的分类，各单位可按照自身的实际情况按比例自行确定。

3. "前 10 名部门（或前 50% 的比例）"和"其他部门"的一般员工原则上不设置"基本合格"和"不合格"员工档次。但在半年度和年度考核中，员工考核分值如果在 79—75 分的，即被确认为"基本合格"员工；考核分值在 75 以下的，即被确认为"不合格"员工。

第十五条 半年度、年度考核结果的使用

1. 半年度考核结果直接影响该期的绩效工资,间接影响年度绩效工资、年终奖和岗薪。

2. 该考核结果作为专业技术人员职称评审、聘用的依据。

3. 考核1次为"优"的员工,优先列为学习培训的对象;连续2次考核为"优"的员工,上调一档岗薪。

4. 1次考核为"不合格"或连续2次考核为"基本合格"的员工,由本部门组织对其针对性强化培训,帮助员工改进绩效,并下调一档岗薪(当岗薪为本岗位最低薪时不再降薪)。年度考核为"不合格"或连续2次考核为"不合格"的中层管理人员,退出领导岗位。年度考核为"不合格"或连续2次考核为"不合格"的一般人员,1995年12月31日前参加工作的,重新调整工作岗位,再连续一次考核为"不合格"的,解除劳动合同;1995年12月31日以后参加工作的,连续2次考核为"不合格"的,解除劳动合同。

5. 考核期内,有严重违纪或重大工作失误,给公司造成不良影响的,不得评定为"优"、"良"、"合格"等级。

6. 考核期内事假累计超过15天或病假累计超过3个月的,不得评定为"优"、"良"等级,病、事假相关待遇按各单位薪酬管理制度有关规定执行。

第十六条 申诉及处理

1. 申诉受理机构

被考核人如对考核结果有异议,可以采取书面形式,向人力资源部申诉。人力资源部员工的申诉直接向分管部门的单位领导提出。考核委员会是员工考核申诉的最终处理者。

2. 提交申诉

员工在接到考核结果2日内,对考核结果有异议的,可提交申诉书,申诉书内容包括:申诉人姓名、部门、申诉事项、申诉理由等。

3. 申诉流程

(1) 申诉受理

人力资源部接到员工书面申诉后,应在3个工作日内做出是否受理的答复。对于申诉事项无客观事实依据,仅凭主观臆断的申诉不予受理。

(2) 申诉调查

受理的申诉事件,首先由人力资源部对员工申诉的内容进行调查,然后与员工直接上级、间接上级进行协调与沟通。不能协调的,上报考核委员会进行处理。

(3) 申诉处理答复

人力资源部应在接到申诉申请书的7个工作日内明确答复申诉人,不能解决的

申诉,应立即上报考核委员会处理,并将进展情况告诉申诉人。考核委员会应在接到申诉申请书的 7 个工作日内明确答复申诉人,不能答复的,应在 10 个工作日内,对员工申诉内容进行再调查。考核委员会的答复为最后答复。

(4) 如因直接上级个人原因使得申诉人受到不公正待遇,使得考核不具有公平、公正性的,将从严考核其直接上级,考核由考核委员会直接执行。

第四章 附 则

第十七条 绩效考核指标库参照公司年度方针目标。

第十八条 考核过程文件严格保密,考核结果只反馈到个人,不予公布。

案例点评:

1. 本案例在第十二条"公司各层次员工考核关系表"中,部门正副职除了有任务绩效外还有管理绩效,这是组织中层管理者具有的明显工作特征。从"任务绩效"与"管理绩效及能力"的权重分布看,正副职是完全相同的,这意味着组织对正副职具有同等的管理职能要求,副职也有具体的管理工作内容与权限。

2. 从"公司各层次员工考核关系表"中可知,本案例采用多评价主体评价被评价者绩效,基本上体现了以直接上级为主要评价主体的原则,但也有值得注意的地方:(1) 部门正职,分管领导(直接上级)的评价权重虽取最大,但其他所有领导(非直接上级)的权重之和远大于分管领导,这样做会削弱分管领导的管理权。(2) 部门副职,部门正职(直接上级)的权重与分管领导(非直接上级)的权重相等,从组织结构看,部门正职是副职的唯一直接领导,在绩效评价中这样安排权重会造就出另一位直接领导,多头领导成为事实。上述情形在目前的中国企业中不是个别现象。(3) 对部门一般员工,显然部门正职权重最大且远大于其他评价主体,明显地构成其直接上级,从这点看部门副职不具有管理职能,这与考核部门副职"管理绩效及能力"有明显的矛盾。

3. 结合上述两点看,本案例反映出中国企业普遍对"副职"的职责与权限认识不清,对为什么要设"副职"没有深入的思考,是惯性思维使然。组织中任何一个层级的副职可以具有明确的职责以及为此配套的权限,也可以是正职的"备份"和无须明确职责的助手,但不论副职扮演哪种角色都应该界定清晰,这是人力资源管理者充分发挥专业能力的地方。

4. "工作能力"作为绩效评价内容值得商榷。工作绩效是指向工作结果和工作行为的,工作能力则是指顺利完成某项工作所必需的主观条件,是人们表现出来的解决问题的个性心理特征。工作能力需通过工作结果与工作行为才能展示,已经对工作结果或工作行为进行了评价就不必探究被评价者工作结果与行为背后的能力,事实上对能力的评价不那么简单,是一件复杂的事情。

5. 本案例主要采用了强制比例分布法评价绩效。在其第十四条(二)款表格"中层管理人员半年度、年度考核系数对应表"中规定:优17%,良30%,合格50%,基本合格与不合格共3%。这种比例分布明显地体现出强制比例分布法的特征,同时可发现这种比例分布与案例三第三章第九条中的比例分布——优秀20%、良好45%、合格与不合格共35%有异曲同工之意,表面上两者都只是把合格与不合格的比例合并了,但其背后隐藏着深刻的原因,反映出这种价值取向不仅为个别组织所有,也肯定不是案例三与案例四两家企业中出现的偶然现象,是人力资源管理存在的现实文化环境,不可小视。

6. 从本案例第十四条第(三)款"一般员工半年度、年度考核系数对应表"中看到,该企业对强制比例分布的比例做了进一步的细分,同时将部门(组织)的绩效与岗位绩效关联起来,把个人绩效置于团队绩效的背景下,强调了团队与个人的关系,增强了团队意识的导向。

7. 本案例第十五条第4款规定:"年度考核为'不合格'或连续2次考核为'不合格'的一般人员,1995年12月31日前参加工作的,重新调整工作岗位,再连续一次考核为'不合格'的,解除劳动合同;1995年12月31日以后参加工作的,连续2次考核为'不合格'的,解除劳动合同。"从中可以看到,该企业具有较长的历史,1995年完成了改制。对改制前后员工的绩效等级区别了处理方式,这是中国由计划经济向市场经济转型在人力资源管理制度中留下的印记。对这类问题不能简单地"一刀切",人力资源管理者必须重视现实并结合组织实际解决问题,当然前提是不能违反国家法律法规。

8. 本案例第十五条第3款把"学习培训"作为对"优秀"员工的奖励。照此实施,如果同一科目的培训中有非"优秀"员工参加,哪怕只有一人,这时"学习培训"对"优秀"员工的激励效用会丧失,倒不如给"优秀"员工带薪休假的奖励来得更具个性特征。而对那些"基本合格"或"不合格"的员工倒是应优先安排相关培训,以提高其岗位技能,提升其绩效。

❓ 习题

进一步完善前次作业——为"国家助学金"、"国家奖学金"、"国家励志奖学金"、"学校奖学金"等学生奖学金发放遴选方案,使之成为可以用于本班、本系的学生奖学金评选发放制度。

作业形式:(1) 书面报告(必做);

(2) 课堂演讲(选做)。

21世纪经济与管理规划教材
人力资源管理系列

第五章

绩 效 管 理

【学习目标】

　　掌握绩效管理模型的内涵,清楚绩效评价与绩效管理的区别,把握绩效管理各个环节的理论与实践要点,初步认清绩效管理的误区,领会解决绩效管理难题的思路。

第一节　绩效管理模型

本书第一章讲到,绩效管理是指基于组织的战略目标,通过员工与管理者达成关于目标、标准和所需能力的协议,在双方相互理解的基础上使组织、群体和个人取得较好工作绩效的循环往复的管理过程。将这一过程具体化即得出包括绩效计划、绩效实施与辅导、绩效评价以及绩效反馈与改进四部分的绩效管理模型。本节将沿着绩效管理模型的循环方向展开讲述。

一、绩效管理模型

如图 5-1 所示,绩效管理首先是管理者与员工一起制订绩效计划,把组织的整体战略、绩效要求与部门和员工的工作目标相联系,以绩效计划的形式获得员工对工作目标的承诺。其次是管理者对员工进行绩效辅导和员工实施绩效计划,其中还包含了管理者对员工绩效状况的监督,它基本贯穿于整个绩效周期。接下来是管理者对员工的绩效进行评价,其依据是绩效计划中的约定。最后是管理者向员工反馈绩效评价的结果并与员工一起讨论绩效改进事宜。之后,周而复始,绩效管理不断地重复着上述过程。

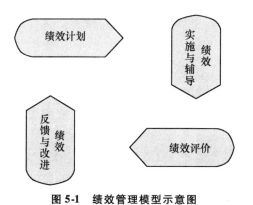

图 5-1　绩效管理模型示意图

二、绩效计划

绩效计划环节是对绩效指标、绩效标准以及实现绩效需采取的办法、途径及技术手段进行事前安排,并形成工作文件的阶段。因为绩效管理强调员工参与,还因为组织与员工的利益诉求不一致,所以这个环节充满了各方利益的博弈,主要集中在绩效指标的选取与绩效标准的确定上。在现实中组织总是希望员工绩效高一点,尤其是在今天高速发展的中国,支撑国家高速发展的是各类组织的高产出,是各类组织对员工的高绩效要求,而员工总是希望绩效要求低一点,付出的努力少一点。博弈双方的力量不够均等,通常情况下组织的力量较强,员工只能有限度地表达想法和争取利益。

绩效计划对员工还是有诸多好处的,能够帮助员工明确工作方向,理清工作思路,提高工作效率,久而久之养成良好的工作习惯,提高工作能力。绩效计划对组织的作用更大,它使得组织的各项工作变得可控,从组织内部预测组织未来的发展变得容易,组织的内耗降低,运行成本减少。因此,不论是组织还是个人,做绩效计划都是有利无害的。

三、绩效实施与辅导

任何计划如果不实施就没有丝毫的价值,绩效实施是员工变绩效计划为工作行为的过程,是获得绩效结果的劳动付出。在完成绩效计划的过程中,绩效辅导是管理者的职责,通过关注员工的绩效信息,做出恰当的反应,用积极有效的方法去帮助员工推进员工绩效。绩效辅导与实施是在这个过程中的一组交替行为,几乎贯穿整个绩效周期。

在绩效实施与辅导环节,管理者有几项至关重要的工作内容。

1. 获取绩效信息

绩效信息指那些在绩效实现过程中所表现出来的对绩效计划的完成有影响的信息。绩效信息获取的途径有多种,归纳起来有两类,即正式途径和非正式途径。正式途径包括:各类文件报表、各专门会议、专项检查、绩效沟通等,非正式途径主要是道听途说。

如何获取绩效信息是管理者应具有的一项基本技能。绩效信息通常表现为一些离散的、看似关联性不强的文字、数据甚至是只言片语,但如果将这些"碎片"进行分析,去伪存真,找出其背后的联系,形成一幅"画卷",就能获取完整的绩效信息。这是一种能力,是管理者需要日积月累方能获得的能力。

2. 进行绩效沟通

绩效沟通不仅仅是获取绩效信息的正式途径,还是进行绩效辅导解决绩效问题的手段。绩效沟通的本质是沟通,与其他沟通不同的只是沟通的内容而已,它围绕着绩效的内容展开。由于工作中的问题是随时出现的,解决问题也强调及时性,因而这种沟通需要随时进行。

什么是绩效沟通呢？绩效沟通是指在绩效管理的过程中管理者与被管理者双方就工作绩效方面的问题进行的交流。本书第一章中谈到了绩效评价与绩效管理的区别，两者的根本区别在于哲学基础不同，绩效评价是将被管理者作为"经济人"看待，而绩效管理则是将其作为"社会人"看待。这种管理理念的根本性改变导致了管理方法全过程的变化。绩效管理把员工看成是"社会人"，当然欢迎员工参与到这一过程中，绩效沟通成为其间必需的手段，这也体现了员工"身份"的变化，因为这时的沟通一定是双向的信息交换，与早期的信息交流必有本质区别。早期的绩效评价也有关于绩效内容的交流，但那主要是由管理者向被管理者传递的单向的信息流。

绩效管理应以持续不断的绩效沟通为基础，因此绩效沟通不仅仅出现在绩效管理的某一个环节，而是贯穿于绩效管理的四个环节，是绩效管理的核心手段。如图5-2所示。

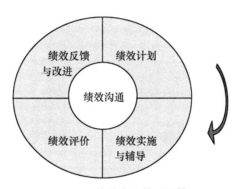

图 5-2　绩效沟通的重要性

绩效实施与辅导中的绩效沟通形式比较简单，大多数情况下是在小范围甚至是以"一对一"的形式就具体问题进行深入交流，沟通中会出现矛盾与冲突。经过反反复复的冲突与妥协，管理者与员工的思想观念趋于一致，员工的绩效状况逐步趋近目标。

绩效沟通不是"万能"的，若绩效沟通在多次反复的碰撞中无法形成有助于达成绩效的目标，绩效沟通的另一个作用，即甄别出绩效管理的阻碍因素，就得以发挥，为后续管理提供依据。也就是说，绩效沟通具有很明显的指向性，要始终沿着有利于绩效管理的方向进行。

绩效沟通是目前许多中国企业做得不到位的一项工作，原因很多，但主要原因还是管理者没有建立绩效管理理念，不区分绩效评价与绩效管理。当然还可能存在管理者不知道如何进行绩效沟通的技能缺陷问题。

3．进行绩效辅导

绩效辅导是在绩效沟通后进行的由管理者提供的旨在帮助员工克服困难、趋近绩效目标的行为。

绩效辅导具有层次性，分为正式会议、专题培训、小组讨论、工作现场指导等几个层次，因员工任职岗位的层级与其工作的复杂程度不同而有所选择。员工工作技能不足可选择工作现场指导、小组讨论等方式，员工的协调性出现问题可选择正式会议、专题培训等方式。绩效辅导与绩效沟通在绩效实施环节中始终存在，交替出现。

4．实施绩效监控

绩效监控是管理者不断地审视绩效计划，经常地比对即时获取的绩效信息，促使员工绩效与绩效目标方向一致的管理行为。如果说绩效实施是员工最为重要的工作，那么绩效监控就是管理者最为重要的工作。没有员工的绩效实施，没有管理者的绩效监控，实现绩效目标是一句空话。

管理者不可把绩效监控狭隘地理解为上级对下级的监视，管理民主和员工参与是绩效管理的核心思想，绩效监控是对事物发展方向的规范，而不表现为员工与管理者身份的差别。

四、绩效评价

绩效评价是对员工绩效的总结，绩效评价的过程实际上就是一个收集信息、整合信息、做出判断的过程，应根据绩效计划，对照员工绩效实现状况得出绩效结论。绩效评价的参与者有两大类，一类是被评价者也即员工个体，另一类是评价者，如果选用多评价主体或采用 360 度评价主体，评价者人数可能众多，甚至是几十人的群体。这个过程容易出现评价预期与评价结果不一致的矛盾甚至冲突，一旦冲突升级会危及评价结果的权威性，必须得到控制。

在评价指标与标准都由绩效计划确定为不能调整的前提下，评价中的程序公平尤为重要，它能缓和冲突的激烈程度，为下一绩效周期修订绩效指标与标准留下缓冲区。绩效评价流程如图 5-3 所示。

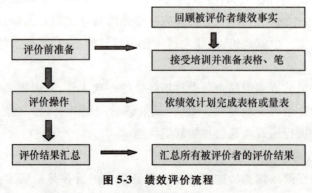

图 5-3　绩效评价流程

培训评价者是在绩效评价环节容易被忽视的工作,这项工作通常由人力资源管理部门承担。实践中,许多组织不认为绩效评价需要培训,只要评价者认识字看得懂表格就行,其实不然,诸如指标内涵的领会、绩效标准尺度的把握都不是文字、表格能全面准确表述的,要控制并降低评价误差,需要评价操作前通过小组讨论等形式互相交流,使评价者的认识达到一致。被评价者的评价结果与评价预期偏离较大的原因之一是由于评价误差引起的,如果能控制住评价误差也可以缩小两者的偏差,缓和冲突。

评价操作表面上看是填表、交流等一些平常行为,实际上远非如此,它是对被评价者整个绩效周期绩效的总结和评判,因此评价者要格外慎重。评价中应注意节约时间,尽量减少不愉快。

五、绩效反馈与改进

绩效反馈与改进是管理者将绩效评价结果反馈给被管理者的行为,也是管理者和被管理者共同商讨改进绩效的行为。在这个环节中应注意以下两个问题:

1. 反馈的时机

员工对绩效结果的高度关注期通常在绩效评价后的一周内,这时反馈绩效评价结果的正负效应都最为强烈。在员工高度关注期间,反馈绩效结果可能起到肯定成绩、促进绩效提高的正效应,也可能产生不愉快或冲突的负效应。产生的效应之所以不同,根源在绩效评价结果的好坏上。如果绩效结果偏好,反馈应选在员工高度关注期;如果绩效结果不好则要拖延反馈时间,以降低员工对评价结果的过度反应。实践中往往是"好事不出门,坏事传千里",还没来得及正式反馈绩效结果,不好的绩效结果经非正式渠道早早地传播开来,致使好的绩效结果没有起到激励员工的作用,反而不好的绩效结果导致矛盾冲突。这是各级管理者最不愿意看到的情形。

2. 反馈的方式

反馈的方式包括书面式和面谈式,近年来出现了电子邮件方式。书面反馈绩效结果往往是人力资源管理部门反馈绩效结果的一种方式,它仅仅是向组织中各分子机构批量反馈经组织确认、备案的绩效结果信息,绝不能代替被管理者的直接上级应向其做的绩效反馈。近年来,由办公无纸化带来了绩效反馈的变化,人力资源管理部门通过电子邮件反馈绩效结果到各分子机构,要注意的是,收件人一定是分子机构的负责人。

面谈是管理者向被管理者直接反馈绩效结果的方式。在此过程中管理者不仅仅是将绩效结果告诉被管理者,而且需要与被管理者进行深入的交流,与其共同分析保持优良绩效与改进不良绩效的途径和方法。在交流的过程中,管理者要关注被管理者的情绪变化,避免其出现过激情绪。

面谈可以在工作场所内进行,也可以在工作场所外进行,工作场所不免给人以紧张感,尤其是不善言谈的管理者大多出现不知如何交流的窘态,被管理者也会有"如临大敌"的感觉,这时选择非工作场所较为合适。在中国存在许多企业的管理者,往往因为不会谈或不愿谈等原因干脆不谈,这是不敢直面矛盾、不负责任的工作态度,也表明他们并没有完成绩效管理工作。在管理实践中,绩效反馈面谈最容易被轻视甚至忽视。

第二节 绩效周期

一、绩效周期

绩效周期是指完成整个绩效管理四个环节的时长,也可以简单地确定为两次绩效评价的时间间隔。绩效周期在绩效管理中虽算不上是一个重要角色,但在周期时长不变的情况下,选择不同的开始与结束的时点对绩效结果还是有着不小的影响,尤其对于工作任务忙闲不均、绩效随之变化的岗位,起始点选择的不同,绩效结果的差异明显;对工作较为规律的岗位,绩效周期的起始点如何选定对其绩效结果几乎没有影响。

通常的绩效周期有一个月、三个月、半年、一年,理论上,绩效周期可以是任何时长,只要适合组织的实情。绩效管理对绩效周期具有时长稳定性的要求。绩效周期时长的稳定便于统计数据,便于比较不同周期间的绩效水平,为管理者与被管理者减少因周期时长变化带来的不必要的麻烦。但绩效周期并不是一定要恒定不变,也可做些微的调整,以适应特殊情况的要求。

二、确立周期的要素

绩效周期的时长确定是有限制性条件的,不能随意地确定,这其中涉及组织的能力、岗位的性质等多种因素,需要在绩效管理中整体考虑。

1. 岗位性质

岗位性质是影响绩效周期时长确定的基础性要素。对工作任务呈周期性变化的岗位,绩效周期应与其工作周期吻合。对在较短时间内体现工作结果的岗位,绩效周期的时长要尽可能短一些,反之要长一些。对工作不能明显地表现为确定结果而只是实施了工作行为的岗位,由于工作行为产生效果需要时间,所以要选择时长较长的绩效周期。对技术含量高、创新性特征明显的岗位绩效周期时长要更长一些,正所谓"十年磨一剑"。初级岗位绩效周期可选择短一些,随着岗位层级的提高,绩效周期要延长。

2. 绩效指标与标准的性质

绩效指标的性质影响着绩效周期的长短,如果绩效指标性质稳定,则绩效周期可设置得长一些。对于由多绩效指标构成的指标体系,如果其中包含了一定量的不稳定的绩效指标,设定绩效周期时要充分考虑这些绩效指标的变化要求。

绩效标准较之于绩效指标更具有时效性,在两个不同的绩效周期中,常常是绩效指标不变而绩效标准变。绩效周期的设定一定要便于获取、统计、分析历史信息,便于确定绩效标准,还要保证员工经过努力能够实现这些标准。

3. 绩效管理成本

绩效周期的长短涉及管理成本高低。绩效管理有四个环节,每一个环节中,管理者与被管理者都有不少管理工作任务,如果绩效周期过短,单位时间内的管理工作任务量明显增多,同时因挤占岗位工作时间而增加了单位时间内的岗位工作任务量,正所谓"劳民伤财";如果绩效周期过长会因为没能及时肯定优良绩效、针砭不良绩效而挫伤员工的工作积极性。因此合理设置绩效周期的时长是控制管理成本的手段,也是激励员工工作的手段。

4. 管理能力

这里的管理能力是指管理者的管理能力。管理者管理能力不足直接导致被管理者的绩效结果失真,如果绩效周期较短,失真的状况会重复出现,失真被累积,评价误差被放大,被管理者将面临不公平对待。拉长绩效周期可有效地降低因管理者管理能力不足导致的评价误差,较长的绩效周期还有利于人力资源管理部门为管理者提供有针对性的培训机会以提高其管理技能。

第三节 绩效管理误区与难题

一、绩效管理误区

误区一：过度追求评价指标的量化

很多管理者认为，只有用量化的绩效指标才能客观地衡量绩效结果的好坏，非量化指标因其主观性太强所评价出来的绩效结果不具有说服力。量化的绩效指标固然有其明显的优势，殊不知只有少数绩效指标具有绝对数值定量属性，大部分绩效指标的量化只是用数学形式描述绩效评价结果的过程，是在绩效指标间建立起同态关系，使不便综合处理的信息可以得到统一的数学处理，也就是说，大部分绩效指标的数值结果并不是其本质的客观、准确的反映，因此不是用量化指标评价得出的绩效结果就一定客观、公正。如表5-1所示。

表5-1 量化的绩效结果

绩效评价等级	优秀	良好	合格	基本合格	不合格
量化的绩效结果	5	4	3	2	1

上表中，绩效评价等级"优秀"、"良好"、"合格"、"基本合格"、"不合格"被量化成"5"、"4"、"3"、"2"、"1"，如果还有其他的也被量化的评价结果，那么对它们进行统一的数学处理显然十分方便，但这些数字并不能说明它们之间具有实质性的数量关系，也就是说，这时的"5"并不比"4"大"1"。当量化的表现形式与量化的具体内容并不存在任何实质性的数量关系时即为形式量化。显然，形式量化的绩效评价指标并不是被评价者绩效状况实质性的数量反映。

形式量化的绩效指标往往将管理者引入歧途，使其错误地把它们当做是绩效结果的准确的数量表达，加之数字表达清楚、简单且具有"绝对"性，因而得到管理者的青睐。还有的管理者认为，除了量化的绩效指标有绩效标准外，非量化的绩效指标无标准可言，没有标准的绩效指标当然没有价值。这也是错误的，至少可以说是片面的。非量化的绩效指标完全可以有绩效标准，尤其是基于工作行为的绩效指标，其绩效标准常常无法量化，而绩效包含了工作行为与工作结果，如果忽视了工作行为等于缩小了绩效管理的范畴。基于上述原因，不是量化的绩效指标就一定客观准确。

绩效指标的量化方式多种多样，有类别量化、模糊量化、顺序量化、等距量化、比例量化和当量量化等,选用哪种量化方式要根据绩效指标的性质与评价的需要。

误区二:复杂的绩效评价方法比简单的方法好

产生这种误区的认识基础是,复杂的方法比简单的方法更能全面、精确地评价绩效,精确的评价结果具有权威性。事实上,复杂的方法不一定精确,精确的评价结果也不一定有助于绩效的改进与提高。

绩效管理的根本目的是不断提高绩效,评价方法只是衡量绩效的技术手段,它是对存在的反映,而不具有改变存在的功效。选择评价方法的着眼点是看其是否与需评价绩效的内容相匹配,是否便于组织实施,是否能促进绩效的提高,而不能仅看方法本身的优劣。例如:强制比例分布法与行为对照法相比,显然强制比例分布法无论从设计制度到评价操作再到评价结果都要比行为对照法简单、粗略得多,那么谁更好些呢?没有定论,具体要看应用在什么组织什么岗位上,更要看评价操作过程是否公正,评价结果是否能有效地分辨被评价者的绩效水平,成为激励员工的依据。

选用复杂的评价方法有时会适得其反,方法越复杂消耗的管理资源就越多,当组织还不具备管理能力与经济条件时,尤其是在员工对评价方法的认同度不高的情况下,采用复杂的评价方法的负效应往往超过正效应。评价方法的选用不妨由简到繁,结合组织实际逐步递进。

误区三:忽视对绩效的监控

在实现绩效的过程中管理者对绩效的关注必不可少,应始终贯穿于绩效辅导与实施环节之中。忽视绩效监控的情况特别容易出现在推行目标管理的组织中,管理者认为,目标管理的精髓是"自我管理",既然要员工自主工作,就应该少管少干涉,这是对目标管理也是对绩效监控的片面理解。绩效监控不是干涉员工自主工作,而是跟踪员工的绩效信息,关注其过程结果,发现问题并帮助解决。目标管理不能等到问题积累到无法解决的程度才发现问题。"放任"工作过程,绩效目标肯定不能实现。所以绩效监控少不得。

忽视绩效监控的原因在管理者。一方面,关注员工工作必须持续不断地进行,这一工作费时费力,管理者常常没有耐心,尤其是在所管理的员工数量过多时更加突出。另一方面,帮助被管理者解决存在的问题,需要管理者有办法有手段,如果管理者管理能力不足,那结果肯定是"不闻不问",回避问题。提高众多基层管理者的管理能力是人力资源管理部门的责任。

误区四:不重视绩效的反馈

管理者基本上都知道在绩效管理中存在绩效反馈这么一项工作,但并不重视它,只做简单处理,有的管理者还会省略这项工作。这会大大地削减绩效管理的效果,造成被管理者因觉得不被重视而不满,同时也因缺乏今后工作方向的指引而迷茫。管理实践中有一个现象,被管理者层级越高,绩效反馈越被轻视。岗位的层级不同只能说明工作内容与责任的不同,没有因此而增加或取消对绩效的要求,绩效反馈的必要性并不能因被管理者的层级升高而降低,只是不同的岗位绩效反馈的内容不同而已。

在此不得不再次提出绩效沟通问题。实践中发现,许多管理者确实不懂得如何进行绩效沟通,这是他们不重视绩效反馈的技术原因。没有认识到沟通的作用,管理者仅以书面的形式告之被管理者绩效结果,简单地处理了绩效反馈,对于讨论绩效改进,则认为是"书生"行为而不屑一顾。这是众多管理者不重视绩效反馈的认识原因。

沟通是交流,是双方(或多方)就某些问题进行的你来我往的对话。绩效沟通自然也是双向交流。在绩效沟通中要避免两种现象的发生。

1. 单向"沟通"

有过管理实践的人都知道,绩效管理是人力资源管理中最困难的工作,由于管理者逃避困难的心理,或者没有掌握沟通的技巧,常出现形式上进行了沟通而实际上并没有沟通的情况。例如,表面上管理者与被管理者坐在一起进行了谈话,但整个过程只是管理者的命令与被管理者的接受命令而没有就绩效问题进行讨论,是不平等的谈话。沟通在此变成了发布命令,更不幸的是管理者还以为进行了沟通,最终达不到绩效管理的效果还不知道是哪里出了问题。

2. "沟"而不"通"

与单向"沟通"不同,被管理者常常认为,既然要进行绩效沟通,就应该充分满足被管理者的要求,以体现被管理者的"主人"地位,否则就不算沟通。因此,管理者与被管理者在谈话中各执己见,难以达成一致,"沟"而不"通"。

正常的绩效沟通是由绩效计划制定起就以双向的方式进行,双方各抒己见,不断地求同存异,以促进绩效的达成。在沟通中,管理者与被管理者都应明白绩效沟通不是讨价还价的手段,而是讨论绩效问题的方式,是改进绩效、最终实现绩效目标的手段。

管理者之所以不重视绩效反馈,还是因为其对绩效管理的理念没有清楚的认识,没有给予被管理者足够的尊重以激发其主动工作的热情,思维的出发点是自身而不是被管理者,自然会忽视被管理者。当然,绝对的"以人(被管理者)为本"是不存在的,组织的目标才是绩效追求的目标,但在追求目标的过程中,仍须通过交流来缩小双方的分歧。在我国,绩效反馈与沟通是一件管理者与被管理者双方都需要学习并形成习惯的事情。

二、绩效管理难题

难题一：难以评价工作行为

尽管绩效评价的方法有二十多种，但在管理实践中只有少数几种得到了广泛而长期的使用，仔细分析发现，那些被广泛使用的评价方法绝大多数都是评价工作结果的方法。这导致了人们误将工作结果认作是工作绩效的全部，突出了工作结果的重要性。

工作行为之所以不被"重视"，并不是它真的可有可无，而是评价工作行为远比评价工作结果难得多。过去人们一直力图使工作行为规范化、标准化，为此付出了大量的人力物力。殊不知，当变化成为今天不变的常态时，"标准化"不变的特性使它与现今多变快变的社会发展格格不入，放弃对工作行为的规范化、标准化势在必行。接下来的问题是如何评价多变的工作行为，甚至是要不要评价工作行为，这实在是一个难题。

难题二：难以评价富有创造性劳动的工作绩效

创造性劳动包含了一系列复杂的脑力劳动和无法预设标准的体力劳动，劳动所产生的结果也没有先例。如何确认具有这样特性的工作的结果与行为是摆在绩效管理者面前的一个大难题。目前多用目标管理法对上述工作进行绩效管理。虽然目标管理法为工作者营造了自主管理、自主工作的氛围，但那是有限度的，对一般工作而言较为适合的目标管理法对具有创造性劳动的工作来说显得有些急功近利了。

有学者认为"十年磨一剑"是对待富有创造性劳动的工作绩效的合适态度，这其中蕴含了对成功的赞许和对失败的宽容。"无为而治"是另一种对待创造性劳动的态度，显然后者的境界高于前者，但后者对社会资源的占用与消耗仅建立在工作者个人的道德约束上，有些靠不住。缺乏监督的自我约束往往徒有虚名。

解决绩效管理的难题肯定不是一朝一夕的事情，也不是少数专家管理者的专项任务，需要大家贡献智慧，共同持续地努力。

第四节　长　期　绩　效

尽管在绩效管理实践中，绩效评价的结果是对本绩效周期工作的总结，被评价者因此获得激励或惩罚，同时它对下一个绩效周期的工作起指导作用，但由于绩效周期是一段一段的相互独立的时间,现行的绩效评价结果仅仅是将两个相邻的绩效周期关联起来,而不是将被评价者的绩效放在一个较长的时间区间上进行考量,也就是说,现行的绩效管理没有将各个绩效周期的工作绩效结果贯通,没有对各个独立的绩效评价结果建立整体联系。由于绩效周期设置、外部不可控因素以及被评价者进入岗位的时间长短等原因,各个绩效周期的绩效结果往往不能较为全面地反映被评价者长期的工作产出情况,更无法反映工作绩效的连续改进情况,导致被评价者只注重每一绩效周期的绩效评价对本周期工作做出的结论以及依此决定的奖罚,被评价者将工作按利益指向对时间进行分割,使原本连续的工作被分割成片断,形成短期工作的心理定势。从长期看,其中存在绩效结果的评价误差,但消除这种误差是不可能在一个一个孤立的绩效周期内完成的,必须将被评价者的工作置于一个更长的时段中加以考察。

孤立的绩效评价结果也不便于组织对被评价者总体绩效水平的把握,更不易于消除由于各种外部原因造成的非被评价者个人努力带来的绩效变化。显然,时间是绩效管理中的一个至关重要的因素,而它却被忽视了。

解决问题的思路是要将一个个孤立的绩效结果联系起来,形成一个在各个绩效周期内连贯的绩效结果。为此,要对被评价者长期的工作进行连贯的评价,并对各个绩效周期绩效的变化加以计量,建立长期绩效观。

一、几个概念

1. 短期绩效

短期绩效是指在每一个绩效周期结束后对该周期内工作进行评价得到的绩效结果,也即现行绩效管理所指的绩效评价结果。

2. 长期绩效

长期绩效则是经过多个绩效周期后将各个绩效周期所得的短期绩效加以统筹考量后得到的绩效结果。

3. 边际绩效

边际绩效是一个基于短期绩效的概念,用于衡量不同的绩效周期中绩效的变化。具体是指在绩效评价指标不变的前提下,设定一个绩效管理的基期,将其后每一个绩效周期的短期绩效都与基期的短期绩效进行比较,其绩效的变化量即为边际绩效。

二、长期绩效与长期绩效曲线

在一段连续的时间中,长期绩效实际上是短期绩效与边际绩效的综合,即为:

$$P_{ct} = P_{dj} + \sum P_{bt} \tag{1}$$

$$P_{bt} = P_{dt} - P_{dj} \tag{2}$$

其中,t——绩效周期,取值为 $1,2,3,\cdots,n$;P_{ct}——包含 t 个绩效周期的长期绩效;P_{dj}——基期的短期绩效;P_{bt}——第 t 期的边际绩效;P_{dt}——第 t 期的短期绩效。

根据(1)式,除基期外,由于每一绩效周期都存在长期绩效,故将各个绩效周期的长期绩效用图形表示得到长期绩效曲线,如图 5-4 所示。

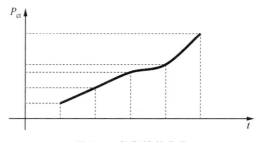

图 5-4 长期绩效曲线

三、长期绩效及长期绩效曲线的效用分析

下面通过一个实例来分析长期绩效与长期绩效曲线的效用。

某公司确立了一套对员工工作的评价方法,并用数字来表示员工的绩效结果得分,满分为 10 分。表 5-1 列举了某员工在五个绩效周期中的绩效评价结果。

表 5-1 某员工在五个绩效周期中的绩效评价结果

绩效周期	1	2	3	4	5
绩效结果(短期绩效)	6.0	6.8	5.9	6.3	5.6
绩效周期	基期	$t=1$	$t=2$	$t=3$	$t=4$
P_{dt}	6.0(P_{dj})	6.8	5.9	6.3	5.6
$\sum P_{bt}$	—	0.8	0.7	1.0	0.6
P_{ct}(长期绩效)	—	6.8	6.7	7.0	6.6

从表 5-1 中不难看出,该员工的短期绩效的最高值与最低值之差有 1.2 分之多,占满分 10 分的 12%,长期绩效的最高值与最低值之差仅有 0.4 分,占满分 10 分的

4%。如果仅仅从该员工的短期绩效看，可以说该员工的工作绩效处于相当不稳定的状态，如果以 6.0 分为合格成绩，则该员工在两个绩效周期中的成绩为不合格，此时该员工面临的可能是转岗或辞退。但如果从长期绩效看，该员工的工作绩效处于比较稳定的状态，从该员工的长期绩效曲线也可以看到上述趋势。如果用长期绩效衡量该员工的工作绩效，则员工无被"炒鱿鱼"的担忧。

本案例说明，长期绩效衡量的是工作者绩效改进积累的结果，它将工作者各个时期的工作产出作为一个连贯的整体来看待，消除了因各种原因产生的短期绩效偏差，使对工作者的绩效评价更加合理与接近实际，也使组织的员工队伍不至于频繁更迭，从而降低组织的人力资源成本。同时，这样的衡量方法将迫使工作者沿着绩效改进的方向，从长计议来考虑工作的数量与质量，短期内的工作得失将不再成为工作者的首要考虑因素。因此，用长期绩效来衡量产出能有效地解决工作短期化问题。

本案例还揭示，长期绩效曲线能较长期绩效更为宏观地描述工作者一贯的工作绩效。虽然长期绩效曲线不能直接服务于工资奖金的发放、岗位异动等，但是长期绩效曲线反映出工作者的一贯工作绩效状态与水平，因此能对工作者个体的人力资源开发提供依据，对组织整体的人力资源质量评价提供依据。本案例中该员工处于工作的成熟期，工作产出相当稳定，如图 5-5 所示。如果长期绩效以 6.0 分为合格，图 5-5 反映出该员工的产出水平不高，仅处于较低的合格水平，要使其工作绩效有一个大的提高，需要为其提供必要的帮助。适合其工作需要的培训是最好的帮助。通过培训，使其工作绩效上升并达到一个新的水平，如图 5-6 中粗曲线所示。因此，长期绩效曲线强化了工作者在特定的组织中长期工作的意识，进一步引导工作者制定远期目标并沿着目标指向工作。

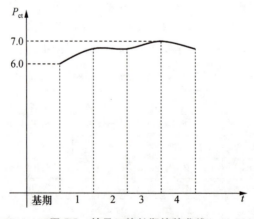

图 5-5　某员工的长期绩效曲线

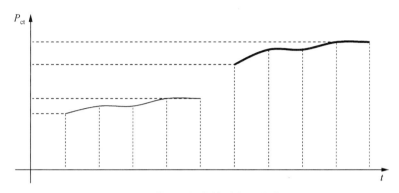

图 5-6　某员工长期绩效曲线的变化

对个人而言,长期绩效曲线所呈现出的性质可以说明工作者的工作产出状况。当长期绩效曲线表现为增长趋势时,说明工作者的工作产出始终呈上升势态,工作者处于不断的工作改进之中,爱岗敬业;当长期绩效曲线表现为下降趋势时,说明工作产出处于日益恶化状态,如果外部不加以干涉,工作者最终因不能自拔而被淘汰;当长期绩效曲线增减变化不大,稳定在某一范围内时,此时的工作者进入工作成熟状态。

对组织而言,长期绩效曲线反映出组织的整体工作状况。由于每位工作者都有对应的长期绩效曲线,所以如果过半数的长期绩效曲线都呈增长趋势,则说明组织呈良性发展状态,人员结构及制度基本上合理,工作有效;如果呈下降趋势,则说明组织工作混沌,组织缺乏吸引力,或多数工作者尚处于不成熟的工作状态;如果长期绩效曲线无明显趋势,则说明组织可能尚未形成主流工作方式,无章可循,各行其是。

四、长期绩效的应用条件

虽然用来衡量工作产出,长期绩效明显地优于短期绩效,但长期绩效的应用需要满足一定的条件。

选择评价基期不是一个一次性行为,在一段较长时间里可能会多次遇到选择基期的工作。第一个基期的选择以工作者进入组织的第一个绩效周期为好,之后的基期则要视组织或工作者个人的情况而定。通常情况下,如果组织发生了重大的结构调整或外部环境发生了较大的变化等,需重新确立基期。如果工作者接受培训、工作转换或身体状况发生改变等,也需重新确立基期。

长期绩效是多个绩效周期短期绩效综合的结果,因此,各绩效周期的评价指标应相同或 90% 以上的指标应保持一致,且评价结果须量化,各绩效周期的时间长度也应相同。这样方能保证各个绩效周期评价结果具有可比性,不同绩效周期的评价结果才能进行数字运算。

　　长期绩效可用于确定绩效工资、奖金,确定劳动关系续延以及岗位变动等事项。如果用长期绩效作为上述依据,则绩效周期的时间宜取得长些,至少不短于一个月。

? 思考题

1. 绩效管理误区在大学的学生管理中有所表现吗?如果有,它是怎样的情形?
2. 请分别为学校教师、会计、保安队员设置绩效周期。

21世纪经济与管理规划教材

人力资源管理系列

第六章

绩 效 薪 酬

【学习目标】

　　知晓有关绩效薪酬的概念,了解绩效薪酬的作用以及与绩效管理的关系,拓展绩效管理的视野。

第一节 绩效薪酬及其选择

一项对《财富》500强公司的调查发现,被调查者认为当绩效评价结果和薪酬存在密切联系时,绩效管理系统更为有效。翰威特全球人力资源咨询管理公司2008年年底公布的调查结果显示,由于经济危机在全球范围内扩散升级,亚太市场的企业已经开始重新考虑其薪酬和奖励制度。在此种环境下,众多组织比以往更加重视绩效薪酬,期望在尽可能低的成本条件下,发挥最大的经济激励作用,以达到高效、减员、吸引人才的目标。

一、绩效薪酬的内涵

理解绩效薪酬的含义,可从绩效与薪酬两方面着手。通俗地讲,绩效就是个人或团队对组织的贡献,而薪酬则是员工投入劳动的回报。由此不难得知,绩效薪酬就是将组织对员工的劳动回报与其劳动(工作)的产出状况相联系,也即以员工工作绩效作为基础的报酬。这里的员工"工作绩效"包括两种含义,即个人绩效与组织绩效,与此相对应的绩效薪酬也包括个人绩效薪酬和组织绩效薪酬两种。

个人绩效薪酬即根据员工个人的绩效水平给予的劳动回报。个人绩效薪酬强调奖励个人的工作绩效,通过差别化的薪酬激励员工个体。个人绩效薪酬有计件工资、绩效加薪、一次性奖金、分红、效益年薪及特殊绩效奖励等多种形式。

组织绩效薪酬是指不以员工个人绩效为基础而实施的旨在影响员工报酬的绩效薪酬。组织绩效薪酬的经济基础是组织当期的盈利状况和未来盈利的预期,有利润分享计划、收益分享计划、成功分享计划及小群体奖励计划等多种形式。

二、绩效对薪酬的作用

1. 改变薪酬构成,增强薪酬的激励效应

引入绩效后的薪酬不再是原来的单一结构,变为由固定薪酬和浮动薪酬两大部分构成,从而打破了薪酬的稳定结构,使薪酬在每个绩效周期间及员工间均有所区别。

浮动薪酬是薪酬激励最直接有效的工具,原因是浮动薪酬主要由员工的绩效水平确定,它将员工的工作产出与回报直接关联,让员工懂得自己的部分收入来源于自己的绩效,绩效的好坏决定了这部分收入的高低,如果不努力工作以满足或超越绩效要求,就不会有高的收入水平。由此可见,薪酬的激励效应得到明显增强。

2. 提高薪酬的边际效用

如果员工的薪酬水平仅与其岗位或能力对应,则激励是平缓的。有了浮动的绩效薪酬后,员工的薪酬由两部分组成,要想获得高收入就必须有高绩效,在组织总薪酬水平不变的情况下,绩效薪酬实现了薪酬在员工中的再分配,提高了薪酬的边际效用。

三、绩效薪酬的作用

(一)积极作用

1. 绩效薪酬在一定程度上形成了劳动契约的约束机制

通过绩效薪酬,组织直接向员工为组织创造的价值付酬,从而建立起组织利益和员工个人利益的连带机制,确保两者利益的一致性,因而可以降低员工的工作懈怠情绪。

2. 绩效薪酬是强有力的激励工具

当员工绩效能够得到公正评价并获得及时的报酬时,员工对于公平感和成就感的心理需求可以同时得到满足,其工作动机和工作努力意愿得到激发,有利于实现组织与员工个人的"双赢"。

3. 绩效薪酬便于控制组织运营成本

绩效薪酬的本质是浮动薪酬,其总额随着个人或组织绩效的改变而改变,可调性好,且发生于工作完成后,因此便于组织灵活地调配资金,缓解固定成本支出带来的压力。

(二)消极作用

爱德华·戴明(Edward Deming)指出,绩效薪酬过于关注个人的绩效,这对组织工作是不利的。每个人都在拼命往前"赶"或者为了个人的利益而去抢夺自己的"救生圈",最终受损的是组织。

此外,对绩效薪酬的批评还源于对"绩效衡量过程公正性"的质疑。如果员工怀疑绩效评价程序的公平性,怀疑绩效评价结果的权威性,那么建立在绩效评价结果基础上的整个绩效薪酬制度就有可能崩溃。

四、绩效薪酬的选择

绩效薪酬绝非适合所有的组织。在实践过绩效薪酬的组织中,只有较少部分能从中受益,大部分都因为诸多环节上的操作障碍使组织陷于被动,或者被员工所痛恨。究竟绩效薪酬好不好,该如何选择,并没有确定的答案。

实施绩效薪酬必须满足以下五个前提条件:第一,个人(或组织)的工作绩效是可以度量的;第二,个人(或组织)间的绩效差别是可区分的;第三,个人绩效和组织绩效间存在可以建立的联系;第四,绩效评价环节具备了程序公平;第五,涨工资的前景将激励绩效行为的改变。组织在做出实施或改善绩效薪酬制度的决策前应认真审视上述五个条件。

如果说上述五个条件是实施绩效薪酬需考虑的"硬"要素,那么在竞争激烈的环境中,组织比以往需要更大的灵活性与创新性来满足顾客的需要,也更加依赖于知识和信息来建立起超越竞争对手的优势。因此,如何获取、开发、激励和保留高素质人才成为组织实施绩效薪酬需考虑的"软"要素。"软"、"硬"要素需通盘考虑。

需要特别指出的是,在一些具有传统文化的组织或团队中,不适合推行绩效薪酬制度。例如,对于以提供技术创新产品或服务的组织来说,推行绩效薪酬可能会产生破坏长久以来普遍的对事业的激情、打击创新与挑战的勇气、瓦解团队合作精神、削弱以人际关系和归属感为基础的员工士气等负面作用。在这样的组织中推行绩效薪酬就显得不那么明智了,完全可以找到其他的方法来保持团队活力,激励员工。

五、绩效薪酬的设计要点

1. 绩效薪酬应与组织文化和战略目标相一致

绩效薪酬与组织文化的关系其实就是"金钱"主义与组织历来的价值观的对立与统一,以及两者最终能否融合的问题。绩效薪酬的"拜金"色彩浓厚是显而易见的,组织文化则各有各的不同。如果两者对立则作用互"消",两者统一作用互"长","消"、"长"全由绩效薪酬与组织文化的相融程度决定。

绩效薪酬与战略目标相匹配的原则是从战略人力资源管理的高度上提出的。在经济危机的压力下,组织纷纷根据环境的变化对组织战略进行调整,绩效薪酬必须紧跟战略变革的方向并支持战略的实施。无论多么完善的组织战略最终都要由员工来执行和落实,绩效薪酬制度跟随组织战略在个人绩效和薪酬间建立一条清晰的连线,使员工从工作开始就明白自己的工作必须与组织战略方向一致,明白个人努力与回报的关系,产生工作动力,最终落实组织战略目标。

2. 绩效薪酬应能促进员工自我发展

通常,绩效薪酬制度都能充分地考虑员工的经济利益,却很少关注员工个人发展的诉求。今天的组织中有许多员工,尤其是知识型员工,对个人成长的关注常常超越了经济范畴。对组织而言,未来的成功将依赖于员工自我发展的动力状况。因此绩效薪酬制度应对员工自我发展动力的激励和保持具有前瞻性和长期性,这就要求组织转变对绩效薪酬的传统观念,不再把它单纯地或主要地作为绩效结果的经济性反映,而是站在有利于员工自我发展的高度上,使员工在达成绩效目标的同时感受到被认可与自我成长,让绩效薪酬的作用更为宽广。

3. 绩效薪酬应有合理的涨幅

没有一个组织能够容忍它的成本无法控制,无论是采取领先、匹配还是落后于市场的薪酬战略,组织都需要在限制条件与员工的需要之间取得平衡,而组织能力与员工需要是一对矛盾。员工绩效的取得是因为有绩效薪酬的激励,绩效薪酬激励的强度不够将直接影响下一个绩效周期员工的工作动力。绩效薪酬的水平受组织承担能力的制约,尤其是在组织盈利状况不够好但还没有亏损的情况下,员工对绩效薪酬的高期望与组织薪酬支付的低能力间的矛盾突出。如何处理这对矛盾考验着管理者的智慧。

无论如何,组织绩效薪酬的总额是一定要有所增长的,除非组织亏损,濒临倒闭。英国特许人事与发展协会前任主考官阿姆斯特朗的意见是:绩效卓著的人的薪酬应得到至少10%的增长,绩效水平和发展速率远超平均水平的人的薪酬应该得到8%—10%的增长,而那些按预期水平获得进步,达到其完全能力水平的人的薪酬应保证5%—7%的增长,低于3%的薪酬增长几乎不值一提。国内有学者则认为,在一个短时期内(4—6个月),一系列的薪酬总额达8%—10%的涨幅时,可能有最长的激励效果。

4. 绩效薪酬应保持一定的灵活性

在越来越多的协同任务中,个体目标和共享目标之间的界线越来越不清晰,群体中个人的绩效也越发地难以衡量,此时,个人绩效与团队绩效乃至组织绩效成为一体。不易区分绩效就不必强行区分绩效,只要团队绩效能有匹配的绩效薪酬,个人可以通过与其他成员一起分享建立在共同目标上的团队绩效薪酬而获得个人绩效薪酬的部分乃至大部分,甚至还可以与组织分享利润,分享收益。员工低绩效,组织也必定低绩效。员工绩效是组织利润的源泉,组织在绩效薪酬的安排上要跨越资本的界限,与员工同甘共苦,共谋发展。

绩效薪酬之源是绩效,绩效薪酬之本是薪酬。组织肩负着促进员工绩效薪酬与组织绩效薪酬提高两种责任,并要注意两者之间的平衡,实属不易,但又不能无所作为,要知道绩效薪酬是员工工作的驱动力,是组织盈利的推进器。设计绩效薪酬制度需要实践的历练,更需要宽广的胸怀。

第二节　绩效薪酬的形式

一、绩效薪酬的基本形式

1. 直接型绩效薪酬

直接型绩效薪酬是员工的工作绩效可以被直接反映在工作数量或工作时间上,并能得到及时反映、直接与其收入挂钩的薪酬。常见的有计件工资、计时工资。直接型绩效薪酬多用于激励在直接生产产品或直接提供服务的劳动复杂性偏低的岗位上工作的员工。

计件工资是依据员工生产合格产品的数量(或工作量)和预先规定的计件单价来计算劳动报酬的一种薪酬形式。计件工资中劳动时间已不是计酬的因素,一定时间内的劳动成果才是计酬的依据。计件工资的优点是把员工的劳动成果与其报酬直接挂钩,有利于提高劳动生产率,增加员工的收入,其缺点是容易出现忽视产品质量和透支使用设备等短期行为。

计时工资是依据员工劳动时间来计算劳动报酬的一种薪酬形式。一般意义上的计时工资有:月工资、日工资和小时工资,绩效薪酬中的计时工资主要指小时工资,也就是根据员工的劳动时间按小时兑现报酬的绩效薪酬。计时工资多体现在超时工作上。

2. 非直接型绩效薪酬

当员工的工作绩效不能或不容易被直接反映在工作数量或工作时间上时,需要按绩效周期通过绩效评价来确定员工绩效结果,在此情况下,依据绩效结果获得的薪酬称为非直接型绩效薪酬。非直接型绩效薪酬的形式很多,常见的有绩效奖金、一次性奖金、年终奖,等等。非直接型绩效薪酬适合于激励在技术含量相对高一些、工作较为复杂的岗位上工作的员工。

绩效奖金是依据一个绩效周期的绩效评价结果而兑现的绩效报酬,是组织中常见的绩效薪酬形式。因为绩效奖金根据绩效结果而发放,且因不同绩效周期的绩效结果不同而不同,所以,它兼具时效性、激励性和动态性特征。在中国,绩效奖金有月度、季度和年度三种,年度绩效奖金在很多组织中被称为年终奖。

一次性奖金是针对组织中非常规性的特定的工作任务,通过评价任务绩效,并依据绩效结果而兑现的报酬。一次性奖金的突出特点是"一次性",也即它不具有长期性和普适性。

年终奖实质是年度绩效奖金,在有的组织中年终奖与年度绩效奖金有些区别,年终奖的依据并非唯一来源于绩效评价结果,还有一些非绩效因素,其中组织文化是经常被考虑的因素。

二、两种绩效薪酬形式

1. 绩效奖励计划

人们通常所说的绩效奖励计划,是指随着个人、团队或组织的绩效结果发生变化而变化的一种薪酬安排。因奖励主体不同,可分为个人绩效奖励计划、团队绩效奖励计划和组织绩效奖励计划。

个人绩效奖励计划重在肯定员工个人的工作,给不同员工以差别化的薪酬,从而激发员工多产出,努力向高绩效、高薪酬的员工看齐。团队绩效奖励计划奖励的基础是团队绩效,关注的对象是整个团队,它鼓励团队成员齐心协力并共同分享绩效成果。组织绩效奖励计划是组织整体绩效的反映,理应由组织全体人员分享绩效成果。

每种绩效奖励计划都有其潜在的问题。个人绩效奖励计划容易导致员工认为与同事合作没有什么价值甚至会妨碍个人的绩效水平,员工只注重本绩效周期的短期利益,因为它是本期奖励的依据。团队绩效奖励计划容易因滋生"滥竽充数的南郭先生"而挫伤其他成员的工作积极性,导致团队绩效的下降。组织绩效奖励计划的"大锅饭"色彩浓厚,难免豢养"懒人"。

2. 绩效加薪计划

绩效加薪计划是绩效薪酬比较常用的形式,不少组织将员工的绩效结果(主要是年度绩效结果)与固定薪酬的增长联系起来,采用按绩效增加固定薪酬的做法,这就是所谓的绩效加薪计划。固定薪酬在很多组织中,尤其是采用岗薪制的组织中主要表现为基本工资和岗位工资,绩效加薪指的是增加这部分薪酬。通常在年度绩效评价结束后,组织根据员工的绩效评价结果以及事先制定的绩效加薪规则或制度,确定员工在下一年可以获取的基本工资或岗位工资。

绩效加薪是否是永久性的则因组织不同而不同,至少绩效加薪会一直延续到下一个绩效周期的结束,通常是一年。当下一次绩效评价结果出来后重复上一个过程。

绩效加薪计划的激励效应仅次于绩效奖金,如果绩效加薪成为员工的永久收入,则它的激励效用大大增强。需要特别指出的是,可以累计的绩效加薪会导致薪酬总水平的不断增长,组织要慎重考虑这样的绩效加薪计划是否在自身的经济能力范围之内,这点至关重要。如果不提前预测组织盈利能力,不提前规划薪酬总水平,几年后很有可能会因为薪酬总额过大,组织无法承受而放弃绩效加薪计划。这种情况只能挫伤员工的工作积极性,无任何激励效用可言。

❓ 思考题

1. 在组织薪酬总额一定的前提下,绩效管理的哪个环节最能使绩效薪酬的激励作用得到充分发挥?
2. 对于组织职能部门的岗位,采用哪种绩效薪酬形式较为合适?

参考文献

[1] 梁裕楷、邝少明.人力资源:组织和人事[M].北京:中国国际广播出版社,1997
[2] 张洪吉等.人力资源管理系统[M].北京:改革出版社,1999
[3] 张一驰.人力资源管理教程[M].北京:北京大学出版社,1999
[4] 张德.人力资源开发与管理[M].北京:清华大学出版社,2001
[5] 加里·P.莱瑟姆、肯尼斯.N 韦克斯利著.萧鸣政等译.绩效考评——致力于提高企事业组织的综合实力(第 2 版)[M].北京:中国人民大学出版社,2002
[6] 理查德·威廉姆斯.组织绩效管理[M].北京:清华大学出版社,2002
[7] 邬适融.现代企业管理——理念、方法、技术[M].北京:清华大学出版社,2005
[8] 彭剑锋.人力资源管理概论[M].上海:复旦大学出版社,2007
[9] 郭京生、袁家海、刘博.绩效管理制度设计与运作[M].北京:中国劳动社会保障出版社,2007
[10] 葛玉辉、陈悦明.绩效管理实务[M].北京:清华大学出版社,2008
[11] 方振邦.战略性绩效管理(第三版)[M].北京:中国人民大学出版社,2010
[12] 孔杰、程寨.华标杆管理理论述评[J].东北财经大学学报.2004(2)
[13] 吕小柏.绩效管理中的长期绩效问题研究[J].中国人力资源开发,2005(12)
[14] 吕小柏、金萍萍.基于绩效沟通的企业绩效管理模式探讨[J].科技情报开发与经济,2006(2)
[15] 雷洪钧.关键绩效指标(KPI)设计思想及实例[J].客车技术与研究.2006(6)
[16] 郗蒙浩、王慧彦、黄伟.绩效评价方法在国内外的发展[J].经济师.2007(4)
[17] 高婕.标杆管理理论[J].现代商业.2007(07Z)
[18] 张灵.行为锚定等级评价法在高校实验技术人员工作业绩考核中的运用[J].中山大学学报论丛,2007,27(8)
[19] 邹曼.绩效薪酬概述[J].经营管理者,2008(8)
[20] 卿涛、杨丽君.绩效薪酬的选择[J].中国劳动,2009(7)
[21] 史东雨.基于 KPI 的企业绩效考核体系实证研究[J].商业时代,2009(21)
[22] 陈健、张忠英、孔晓妹.浅谈关键绩效指标制定[J].现代保健:医学创新研究,2007(10x)
[23] 阮业青.目标管理的四个步骤[J].http://blog.sina.com.cn/ruanyeqing,2009.9.19
[24] 郭汉尧.目标管理的重要性[J].http://www.boraid.com/article/html/119/119949.asp,2009.9.29
[25] 谭小芳.目标管理与绩效考核[J].http://wenku.baidu.com/view/19621f01e87101f69e31952b.html
[26] 百度百科,http://baike.baidu.com/view/
[27] MBA 智库百科,http://wiki.mbalib.com/wiki/

教师反馈及教辅申请表

  北京大学出版社本着"教材优先、学术为本"的出版宗旨,竭诚为广大高等院校师生服务。为更有针对性地提供服务,请您认真填写以下表格并经系主任签字盖章后寄回,我们将按照您填写的联系方式免费向您提供相应教辅资料,以及在本书内容更新后及时与您联系邮寄样书等事宜。

书名		书号	978-7-301-	作者	
您的姓名				职称职务	
校/院/系					
您所讲授的课程名称					
每学期学生人数	_____人_____年级			学时	
您准备何时用此书授课					
您的联系地址					
邮政编码		联系电话（必填）			
E-mail（必填）		QQ			
您对本书的建议：				系主任签字 盖章	

我们的联系方式：

北京大学出版社经济与管理图书事业部
北京市海淀区成府路 205 号,100871
联系人：徐冰
电话： 010-62767312 / 62757146
传真： 010-62556201
电子邮件： em_pup@126.com   em@pup.cn
Q Q： 5520 63295
新浪微博：@北京大学出版社经管图书
网址： http://www.pup.cn